Editionen für den Literaturunterricht
Herausgeber: Dietrich Steinbach

Franz Kafka
Leben und Werk

dargestellt von Peter Beicken

Ernst Klett Schulbuchverlag
Stuttgart Düsseldorf Berlin Leipzig

Zitiert wird nach folgenden Ausgaben (die im Text verwendeten Abkürzungssiglen in Klammern):

Franz Kafka: Gesammelte Werke, hrsg. von Max Brod. Taschenbuchausgabe in sieben Bänden. S. Fischer, Frankfurt a. M. 1976. Amerika (**A**), Der Prozeß (**P**), Das Schloß (**S**), Erzählungen, Beschreibung eines Kampfes (**B**), Hochzeitsvorbereitungen auf dem Lande (**H**), Tagebücher 1910–1923 (**T**).

–: Sämtliche Erzählungen, hrsg. von Paul Raabe. Fischer Taschenbuch, 1078. Frankfurt a. M. 1970. (**E**)

–: Briefe 1902–1924. Fischer Taschenbuch, 1575. Frankfurt a. M. 1975. (**Br**)

–: Briefe an Felice. Fischer Taschenbuch, 1697. Frankfurt a. M. 1976. (**F**)

–: Briefe an Milena. Fischer Taschenbuch, 756. Frankfurt a. M. 1966. (**M**) Erweiterte Neuausgabe, hrsg. von J. Born und M. Müller. Fischer Taschenbuch, 5016. Frankfurt a. M. 1983.

–: Briefe an Ottla und die Familie. Fischer Taschenbuch, 5016. Frankfurt a. M. 1981. (**O**)

–: Amtliche Schriften. Mit einem Essay von Klaus Hermsdorf. Akademie-Verlag, Berlin (Ost) 1984. (**AS**)

Zeugnisse und Darstellungen:

Max Brod: Über Franz Kafka. Fischer Taschenbuch, 1496. Frankfurt a. M. 1974. (**FK**)

Kafka-Handbuch in zwei Bänden. Hrsg. von Hartmut Binder u. a. Band 1: Der Mensch und seine Zeit. Band 2: Das Werk und seine Wirkung. Stuttgart 1979. (**KHI** und **KHII**)

Kafka-Symposion (Jürgen Born u. a.). Deutscher Taschenbuch Verlag, München 1969, dtv, sr 77. (**Ky**)

Gustav Janouch: Gespräche mit Kafka. Aufzeichnungen und Erinnerungen. Erweiterte Neuausgabe. Fischer Taschenbuch, 5093. Frankfurt a. M. 1981. (**J**). (Die Echtheit dieser Zeugnisse ist umstritten.)

Klaus Wagenbach: Franz Kafka. Bilder aus seinem Leben. Verlag Klaus Wagenbach, Berlin 1983 (**Wa**). Bildbelege nach der erweiterten und veränderten Neuausgabe 1989.

1. Auflage   1 7 6 5 4 3 | 1995 94 93 92 91

Alle Drucke dieser Auflage können im Unterricht nebeneinander benutzt werden, sie sind untereinander unverändert. Die letzte Zahl bezeichnet das Jahr dieses Druckes.
© Ernst Klett Schulbuchverlag GmbH, Stuttgart 1986. Alle Rechte vorbehalten.
Umschlag: Zembsch' Werkstatt, München/Klett Verlag, Stuttgart.
Gesamtherstellung: Ludwig Auer GmbH, Donauwörth.
ISBN 3-12-351970-8

Inhaltsverzeichnis

I. Kafkas Leben als Voraussetzung seines Schreibens ... 5

1. Einleitung ... 5
2. Herkunft Prag ... 12
3. Kindheit und Elternhaus ... 17
   - Vater und Mutter ... 20
   - Das ›Pawlatsche‹-Erlebnis ... 27
   - Die unerreichbare Mutter ... 31
4. Ausweg Schreiben ... 37

II. Phasen des Werks ... 42

1. Das Frühwerk (1904–1912) ... 42
   - ›Beschreibung eines Kampfes‹ ... 42
   - ›Hochzeitsvorbereitungen auf dem Lande‹ ... 44
   - ›Betrachtung‹ ... 46
2. Die Lebenswende (1910–1912) ... 47
   - Beruf und Berufung ... 47
   - Zionismus und Judentum ... 52
   - Literarische Vorbilder ... 55
   - Die Berlinerin Felice Bauer ... 56
3. Die Werke des Durchbruchs (1912) ... 65
   - Beispiel eines Sohnes: ›Der Heizer‹ (1912) ... 65
   - Der literarische Durchbruch: ›Das Urteil‹ (1912) ... 67
   - Nicht Traum, nicht Wirklichkeit: ›Die Verwandlung‹ (1912) ... 72
4. Erste Verlobung und Entlobung. Literarische Strafen (1914) ... 81
   - Der »Gerichtshof im Hotel« ... 81
   - Selbstgericht: ›Der Prozeß‹ (1914) ... 86
   - Das Peinliche der Zeit: ›In der Strafkolonie‹ (1914) ... 98
5. Die Wunde Leben (1917) ... 102
   - Eine Krankheit zum Tode ... 102
   - Rechtfertigung: ›Ein Landarzt‹. Erzählungen (1917) ... 106

》Über die letzten Dinge«: Aphorismen, Betrachtungen (1917–1920) 120
6. Die dritte Verlobung und der ›Brief an den Vater‹ (1919) 126
   Julie Wohryzek (1919) 126
   ›Brief an den Vater‹ (1919) 130
7. Grenzland zwischen Einsamkeit und Gemeinschaft (1920–1924) 133
   Milena Jesenská (1920) 133
   Späte Erzählungen und ›Das Schloß‹ (1922) . . . 136
   Das Ende (1924) 144

Zeittafel zu Leben und Werk 149

Literaturhinweise 151

Franz Kafka vor dem Haus der Familie, dem »Oppelthaus« am Altstädter Ring in Prag (Wa Titelseite).

I. Kafkas Leben als Voraussetzung seines Schreibens

1. Einleitung

Ist Franz Kafka, dieser deutschschreibende Jude aus Prag, wirklich der gänzlich Andere, der sich nicht auf uns, auf unsere so verschiedene Welt beziehen läßt? Ein Fremder, der nur auf sich selbst bezogen sei, wie verlautet? Gibt es von seinem konfliktreichen Leben keine Brücke zu unserer Erfahrungswelt? Und sind die Absolutheit, Unbedingtheit und Einsamkeit, die seine Welt bestimmen, ohne jede Verbindung zur Außenwelt und zur Nachwelt?
Die Unbegreiflichkeit des Dichters Franz Kafka. Immer wieder machen sich Leser, Kritiker und Forscher daran, sich seine Werke anzueignen, in die Geheimnisse ihrer Bedeutung einzudringen, aber auch die Persönlichkeit des Autors bis in die feinsten Einzelheiten seiner Lebensverhältnisse und seelischen Konflikte zu untersuchen und zu verstehen. Und immer wieder wird davon gesprochen, an das ›Phänomen‹ Kafka sei nicht heranzukommen. Alles Verstehen sei nur eine Reduktion auf das Allgemeinverständliche, habe also wenig mit dem Spezifischen, dem Eigentlichen zu tun. In den vom Dichter Franz Kafka gezogenen engen Kreis führe kein Weg. Was der nach Begreifenkönnen, Verstehenkönnen Suchende herausfinde, das seien die Allgemeinplätze selbstmitgebrachter Vorstellungen. Kafka habe seine Leser dazu verführt, sich ihre vorgefaßten Ansichten bei ihm zu bestätigen. Und in Wirklichkeit bleibe Kafka ein Rätsel, über das die widersprüchlichsten Meinungen im Umlauf seien.
In der Tat stellt Kafka dem unvorbereiteten Leser ungeahnte Anforderungen und bereitet ungewöhnliche Leseerlebnisse. Mit den üblichen Erwartungen literarischen Texten gegenüber kommt man bei Kafka nicht sehr weit. Wer Lesevergnügen sucht, der fühlt sich schnell von alptraumhaften und erschreckenden Schilderungen und Ereig-

nissen bedrängt und gequält und sogar abgestoßen. Wer selbst kleine, dem Umfang nach leicht überschaubare Prosa von Kafka liest und sich nach dem Sinn fragt, der wundert sich, warum sich weder ein leicht faßlicher noch ein langsam zu erarbeitender Sinn einstellen will. Die Verlockung, einem Kafkaschen Text eine Bedeutung zuzuschreiben, auch wenn sie nicht unbedingt zu stimmen scheint, wenn sie Nachprüfungen auf Stichhaltigkeit hin nicht standhält, ist dennoch groß. Dabei mag es dem Leser nicht einmal deutlich sein, daß seine Sinnsuche eher die eigene Vorstellungswelt als die im Text anzusetzende Bedeutung wiedergibt. Unweigerlich gehört dieses Deutenwollen, diese Sinnsuche, diese intensive Befragung des Kafkaschen Textes, ohne eine eindeutige Antwort oder Bestätigung einer Hypothese zu erhalten, zu den Abenteuern und Frustrationen beim Lesen dieses Dichters.

Es wird jedem auffallen, daß Kafka den Leser vor eigentümliche Probleme stellt. Kaum ein Kenner seiner Dichtung begibt sich an die allgemein für sehr rätselhaft geltenden Werke ohne die genaueste Kenntnis der reichhaltigen Lebenszeugnisse in den Tagebüchern, Briefen und Dokumenten. Man liest deshalb Kafka heutzutage vor allem so, daß man sein Leben mitliest und mitzuverstehen sich bemüht. Für die Kafka-Interpreten sind der Dichter Kafka und der Mensch Kafka längst zu einer unauflöslichen Einheit geworden. Entsprechend interpretiert und kommentiert man Kafkasche Erzählungen und Romane, auch bei pädagogisch ausgerichteten Einführungen in sein Werk, zumeist so, daß dem unbefangenen Literaturinteressenten sofort korrespondierende Materialien aus den Tagebüchern, den Briefen und lebensgeschichtliche Fakten zusammen mit Selbstdeutungen des Dichters angeboten werden als entscheidende Belege und Sinnhinweise zum Verständnis der Texte. Kafka durch Kafka erklärt.

Die Vor- und Nachteile eines solchen Verfahrens müssen hier etwas näher untersucht werden. Ohne Zweifel kann man den Autor Kafka nicht aus seinen Werken entfernen und sich auf den Standpunkt stellen, wer er als Mensch und historische Persönlichkeit eigentlich gewesen sei, bleibe für das Verständnis seiner Texte ohne Bedeutung. Denn zwischen dem im Werk greifbaren Künstler Kafka und dem in Prag geborenen Juden, Versicherungsbeamten und deutschschreibenden Autor bestehen unleugbare Zusammenhänge, die von Kafka selber auch immer wieder hervorgehoben worden sind; im Gegensatz zu anderen Schriftstellern, etwa Anna Seghers, die ihr Werk unabhängig vom Autobiographischen verstanden wissen wollte, die auch verhältnismäßig wenig über ihr Leben hat verlauten lassen. Ihre Erzählungen und Romane, so wie bei Brecht etwa die Stücke, erklärt man nicht vom Lebenszusammenhang her. Kafka ist da ein Sonderfall der Literatur, weil bei ihm Leben und Werk in einer einzigartigen Weise miteinander korrespondieren, obwohl fast alle seine Werke das rein Private, die bloß persönliche Eigenart wie unter einer strenggeführten Selbstzensur verloren haben, um einem allgemeineren Anspruch der Literatur als künstlerische Darstellung von Leben und Wirklichkeit zu genügen.

Kafkas Lieblingserzählung ›Das Urteil‹ (1912) ist eine Erzählung, deren Bedeutung sich nicht auf Anhieb erschließt. Sie erscheint dem uneingeweihten Leser so rätselhaft wie am ersten Tag, als sie im September 1912 in einer Nacht aus dem Künstler herauskam »wie eine regelrechte Geburt mit Schmutz und Schleim bedeckt« (T 217). Wenn auch diese Beschreibung befremden mag, für Kafka bezeichnete sich damit die »Zweifellosigkeit« dieser seiner Durchbruchsgeschichte zum eigentlichen Schreiben (T 216). Kafkas staunendes Befragen führte ihn zu ausführlichen Kommentaren. Darin läßt sich ein deutlicher Identifikationsvorgang ablesen. So notierte sich Kafka angesichts des Namens seines Helden Georg Bendemann die Vergleichbarkeit mit seinem eigenen, denn Bende hat so viele Buchstaben wie Kafka, und »mann« sei nur eine Verstärkung des Namensteils. Diese biographische Entsprechung legt es nahe, daß Kafka sich und seine Lebensproblematik in der erfundenen Figur dargestellt hat. Wie es denn auch weitere Parallelen zur Kafkaschen Lebenswelt gibt. Frieda Brandenfeld im ›Urteil‹ wird von Kafka auf die Berlinerin Felice Bauer bezogen, die er im August 1912 kennengelernt hatte und die er als Partnerin für seine Heiratspläne in Aussicht nahm. So hat er sich in der fünfjährigen Beziehung zweimal mit Felice Bauer verlobt, bis er 1917 beim Ausbruch seiner Krankheit die Beziehung zu ihr abbrach. Kafkas jüngste Schwester, Ottla, wollte in der im ›Urteil‹ geschilderten Wohnung die eigenen Wohnverhältnisse der Familie wiedererkennen, aber ihr Bruder hielt das für ein Mißverständnis, weil dann nämlich sein »Vater auf dem Klosett wohnen« müsse (T 217 f.).

Für den unbefangenen Leser bleiben diese Einzelheiten und Lebensbezüge zunächst vielleicht unbedeutend und vor allem uneinsichtig. Aber mit diesem und weiterem authentischen Material konfrontiert, wird er vielleicht dazu neigen, die Geschichte ›Das Urteil‹ für eine Verschlüsselung von Kafkas autobiographischer Situation zu halten. Denn ohne Umschweife wird er von den Interpreten über die Besonderheiten der Lebens- und Krisensituation des Menschen Franz Kafka belehrt. Die Biographie, d. h. die sehr ausführlich belegbare Existenzproblematik und ihre tiefenpsychologische Erklärung, wird als Deutungsschlüssel angeboten. Vor allem Kafkas eigener Hinweis auf Sigmund Freud, der ja die frühkindliche Rivalität des Sohnes mit dem Vater in der Mutterbeziehung unter dem Erklärungsschema des Ödipuskomplexes gedeutet hat, hat die sogenannte ödipale Situation des Kampfes mit dem Vater um die Mutter zu einer beliebten und weitverbreiteten Erklärung der ›eigentlichen‹ Bedeutung von Kafkas Erzählungen werden lassen. Kafkas bekannte Fixierung auf die Vatergestalt wird darüber hinaus eingebettet in seine hauptsächlichen Lebenskonflikte: den tiefgehenden Haß auf seinen Beruf als Versicherungsbeamter nach einem nicht frei gewählten, sondern vom Vater aufgezwungenen ›Brotstudium‹ (Jura); der Zwiespalt der Ehe und dem bürgerlichen Familienleben gegenüber, denn einerseits sah Kafka in der Ehe das höchste, erstrebenswerte Gut, andererseits fühlte er sich völlig ungeeignet sowohl zur engen partnerschaftlichen Beziehung als auch zum Führen einer sogenannten ›Normalexistenz‹. All diese Zwänge standen im schärfsten Gegensatz zu seinem ausschließlichen

Wunsch nach junggesellenhafter Bindungslosigkeit und seinem Verlangen nach einer ganz dem Schreiben gewidmeten Existenz als freier Schriftsteller.
Kafkas Lebenszeugnisse quellen geradezu über von sehr erschütternden, auch vielen befremdlichen Aussagen, die seine existentielle Zerrissenheit belegen, die auch seine zwanghafte und krankhafte Neigung bekunden, das Schreiben als »einzige innere Daseinsmöglichkeit« (F 367) suchen zu müssen. Die erzählerischen Werke sind aber nicht detaillierte Lebensbeschreibungen oder Zurschaustellungen des Intimsten. Beim ›Urteil‹ fällt z. B. sofort auf, wie gesichtslos und unpersönlich die Figuren eigentlich sind, wie sehr die Handlung und Figurenzeichnung allgemeinere Prinzipien zwischenmenschlicher Konflikte darstellen. Das verstärkt den Eindruck, daß Kafka in seinen Werken keine verschlüsselte oder verkleidete Autobiographie gibt. Er erfindet vielmehr Geschichten, in denen auf eine eher exemplarische Weise die ihm nur zu vertrauten Konflikte, Ambivalenzen, Widersprüche, Sehnsüchte und Vergeblichkeiten seiner vorwiegend versagenden und scheiternden Hauptgestalten dem Leser als Identifikationsangebote und – zumeist leidvolle – Erfahrungen nahegebracht werden. Kafka hat mit einer geradezu besessenen künstlerischen Gewissenhaftigkeit seine »Berechnung«, seinen »Kunstaufwand« gegenüber dem Leser ins Spiel gebracht, um den so Faszinierten für seine leidenden Helden einzunehmen (T 326f.).
So ist Kafkas Werk Selbstdarstellung und Kunstanstrengung in einem. Das bloß Individuelle erhebt bei ihm den Anspruch auf Allgemeingültigkeit, weil es nicht als ein jeweils Besonderes erscheint, sondern in typischer Verallgemeinerung auftritt. Der unbefangene Leser tut gut daran, den Menschen Kafka, der ihm in den Lebenszeugnissen überwältigend und auch beängstigend gegenübersteht, von dem Künstler Kafka, der in den Werken nicht minder befremdend und schockierend darstellt, so weit zu trennen, daß nicht immer wieder Identität gesucht wird. Kafka hat, schon durch die Tatsache des Veröffentlichens, sich diesem öffentlichen Prozeß der literarischen Vermitt-

lung eingefügt. Das Werk stellt die Brücke dar vom Autor zum Leser. Beide sind im Bunde, und das Werk ist ihre gemeinsame Sache, insofern es der Umschlagplatz ist, wo die Belange des Autors, sein Erfahrungsbereich und Erfindungsreichtum zur Angelegenheit des nachvollziehenden, aufnahmebereiten und verstehenden Lesers werden: eines Lesers, der im Fremden das Eigene entdecken will, der das Eigene als ein Fremdes erleben will, weil unser Selbstverständnis ohne die Erfahrung eines anderen unvollständig bleibt.

Die »ungeheure Welt« (T 224), die Kafka im »Kopf« hatte, sie war eine quälende Last, von der er sich zu »befreien« suchte. Denn die »schreckliche Unsicherheit« seiner »innern Existenz« (T 223) gab ihm einerseits den »Wunsch nach besinnungsloser Einsamkeit« (T 224), aber eben auch nach dauernder Entlastung im Schreiben. Was Kafka als »Feind im Kopf« (O 98) verstand, war so vielseitig und vielgestaltig. Doch der gemeinsame Nenner war immer wieder die daraus resultierende Angst: Lebensangst als Angst vor dem Leben, Angst, ein ungelebtes Leben gelebt zu haben, Berührungsangst, vor allem gegenüber Frauen, Angst vor dauerndem Versagen in allen Belangen des Lebens. Es war eine so gesteigerte Angst, die auch in den Werken so vielseitig wirksam und greifbar wird, daß vor allem ein jugendlicher Leser sich leicht verunsichert, bestürzt und gequält fühlt, auch abgestoßen und davongetrieben. Andererseits ist Kafka ein meisterhafter Darsteller noch der subtilsten Ängste. Und weil eine in der Darstellung objektivierte Angst leichter zu bewältigen ist, zieht Kafka den Leser wiederum sehr an. Das Unerbittliche und Unausweichliche macht er greifbarer, auch wenn seine Kunst des Erzählens nichts in den Bereich des bloß Leichten, Unbeschwerten oder gar Unbekümmerten überführt, auch da nicht, wo er spielerisch, humorvoll und ironisch zu Werke geht. Ängste sind natürlich, und Kafka hilft vielleicht mehr, als man gemeinhin meint, diese Ängste zu bewältigen, durch ihre Bewußtmachung vor allem. Er ist zugleich ein »Kenner der Macht«, wie Elias Canetti einmal bemerkt hat, und damit ist Kafka auch ein Kenner einer der Hauptursachen der vielgestaltigen Ängste der Menschen. Denn in den Beziehungen untereinander sind es immer wieder die Mittel der Herrschaft und Macht, die die Beherrschten und Machtlosen in geradezu heillose Ängste und unüberwindbare Schrecken versetzen.

Trotz der vielfachen Entsprechungen und Gemeinsamkeiten zwischen Kafkas Leben und Werk ergibt sich keine völlige Einheit, ist der Leser nicht dazu gezwungen, sklavisch das eine mit dem anderen zu vermengen. Denn Kafkas Dichtung hat gegenüber seinem Leben den Mehrwert des Künstlerischen und der Phantasie. Der Zusatz der Kunst war es, der Kafkas Versuch untermauerte, sich von dem zu befreien, was im Leben zum Scheitern verurteilte.

Vielleicht sind das der Trost und das Vermächtnis Kafkas an seine Leser, die seine Werke lesen und sein Leben mitlesen, die nachvollziehen, daß die künstlerische Gestaltung den Zuschuß an Hoffnung, an Verlangen nach Glück, an Suche nach Wahrheit und Sehnsucht nach dem Paradies hat. Dieser Mehrwert Kunst gegenüber dem Leben, der im stärksten Kunstmittel Kafkas, im planvoll inszenierten Tod vieler seiner Helden als letzter Wunsch aufscheint, stellt den Leser, den unbefangenen wie den eingeweihten, vor den Anspruch höchster Anstrengung in der Auseinandersetzung mit diesem Autor.

Karlsbrücke in Prag. Oben rechts der Hradschin (Wa 64).

2. Herkunft Prag

Kafka ist von seiner Geburtsstadt Prag nie losgekommen. In dieser traditionsreichen Stadt geboren, ist er in ihrem ältesten Teil aufgewachsen und hat die Jahre seines Erwachsenenlebens dort zugebracht. Er fühlte sich dort zeitlebens eingeengt und gefangengesetzt. In einer heftigen Aufwallung bekundet er seinen Unmut gegenüber seiner Lebenssituation in der Heimatstadt. So schreibt er 1902 an einen Freund: »Prag läßt nicht los.« Während die Tschechen ihre Stadt in der weiblichen Form »Praha« liebevoll wie eine Mutter verehren, bemerkt Kafka bissig: »Dieses Mütterchen hat Krallen. Da muß man sich fügen oder –.« Und als Alternative zum Ausbruch aus diesem verhaßten Gefängnis schlägt er vor, Prag an zwei Seiten anzuzünden (Br 14). Eine solche Verwünschung stellt sofort die Frage nach Kafkas Lebensschicksal in dieser Stadt, der sein Fluch galt.

Prag, die »goldene Stadt« der Tschechen, die »hunderttürmige« von den Deutschen genannt, von den Juden als »Stadt und Mutter in Israel« gelobt, ist eine verhältnismäßig junge Stadt, wenig mehr als tausend Jahre alt, zu beiden Seiten des Moldauflusses gegründet, als Burg auf dem überragenden Hradschin-Berg nach Westen zu, als Siedlung in dem gegenüberliegenden Moldauknie, wo heute die Altstadt sich befindet. Prag wurde früh böhmischer Königssitz, war auch zeitweilig Hauptstadt des ›Heiligen Römischen Reiches Deutscher Nation‹ und Residenzstadt der Habsburger, hat also eine lange, bedeutende politische Geschichte und Tradition als Verwaltungszentrum. Die vom späten Mittelalter bis in die Neuzeit reichende wechselnde glanzvolle Entwicklung schuf einen vielgestaltigen Stadtkern, den spätere Epochen nach Gotik und Renaissance, Barock, Klassizismus und die historischen Stile des neunzehnten Jahrhunderts bis zur Moderne hin immer wieder ergänzten, umschufen und auch verlagerten. Während ein großer Teil der Altstadt vom Ghetto eingenommen wurde, das erst in Kafkas Jugend städtebaulich saniert wurde, lag unterhalb des Burgberges – des Hradschins –

Franz Kafkas Geburtshaus (Wa 23).

mit Kathedrale, Schloß und Adelspalästen das Adels- und
Patrizierviertel der Kleinseite, verbunden mit der Altstadt
durch die berühmte, aus dem Mittelalter stammende Karlsbrücke. Das Prager Stadtbild zeigt im baulich-topographi-
schen Bereich die vielgestaltige Gleichzeitigkeit des Vergangenen und Heutigen.
Prag als eine einmalig zauberhafte, aber auch geheimnis-
voll beklemmende Stadt und Lebenswelt prägte Kafkas
Wahrnehmung und Sehweise, sein Orientierungsvermögen
und Denken, sein bildhaft-visuelles Erfassen und zeichenhaft abstrahierendes Schreiben. Einzelheiten des Stadtbil-
des, etwa die Altstädter Mariensäule (bis 1918), der Müh-
lenturm, die Karlsbrücke mit ihren prächtigen und zugleich
phantastischen barocken Heiligenstatuen, der Franzens-
quai am Moldauufer, der Laurenziberg u. a. setzen vor
allem in Kafkas Frühwerk Akzente des Lokalkolorits. Viel
Atmosphärisches ist in Kafkas Werke eingegangen, so die
bedrückende Enge des Altstädter Gassengewirrs, die mar-

kanten Türme dieser Altstadt, die imposanten Fassaden der stattlichen Bauten, die Aufgänge und Freitreppen, die winkligen Ecken der Hinterhöfe und die verwunschene Dunkelheit der Durchgänge, von der Vielheit der Portale und Türen, der Tore und Gitter, Mauern und Wehre zu schweigen. Manches der Prager Topographie, der Beziehung von Landschaft und Stadt, Gelände und Bauten hat strukturierend auf Kafkas Werke eingewirkt, etwa das in Prag unumgängliche, weil allpräsente Brückenmotiv, das sich am Ende der Erzählung ›Das Urteil‹ als Schauplatz eines verordneten Selbstmords wiederfindet oder zu Beginn des ›Schloß‹-Romanfragments als einzige Verbindung einer Außenwelt zu der sonst verbindungslosen Schloßwelt eine Rolle spielt.

Als städtebauliches Ensemble von Gebäuden, Plätzen, Straßen, engen Gassen, großen Parks, Brücken, freien Aussichten am Fluß und auf den Höhen über das Gewirr der Türme und Dächer der verwinkelten Altstadt hat Prag für Kafka zugleich den Wert eines Systems von Zeichen gehabt, deren offene und versteckte Signale, deren insgeheimes Ineinanderwirken Kafkas optischem Sinn vertraut waren. Von den auffälligen Merkmalen der Stadt, von den Türmen, Brücken, Kirchen, Denkmälern, Statuen, von den täglich benutzten Wegen, Treppen, Arkaden, Aufgängen, Portalen und von den unweigerlich den Blick berührenden Erkern, Fenstern, Gesimsen, Dachfirsten, Glocken- und Uhrtürmen und schließlich von dem Zierat und Figurenschmuck an Häusern und Palästen, an Fassaden und Monumenten trat eine reichgestaltete Zeichensprache vieler Jahrhunderte ins Sehfeld. Kafka hat mit der Fähigkeit des isolierenden Blicks dieses Material aufgenommen und in seiner Prosa wiederverwendet. Zeichenhaft isolierend hat Kafka auch Alltägliches in den Blick genommen, ob nun seine Situation als ›Fahrgast‹ einer Straßenbahn (»vollständig unsicher in Rücksicht meiner Stellung in dieser Welt, in dieser Stadt, in meiner Familie«, E 16) oder in der Betrachtung menschlicher Erscheinungen:

»Kleider
Oft wenn ich Kleider mit vielfachen Falten, Rüschen und
Behängen sehe, die über schöne Körper schön sich legen,
dann denke ich, daß sie nicht lange so erhalten bleiben,
sondern Falten bekommen, nicht mehr gerade zu glätten,
Staub bekommen, der, dick in der Verzierung, nicht mehr
zu entfernen ist, und daß niemand so traurig und lächerlich
sich wird machen wollen, täglich das gleiche kostbare Kleid
früh anzulegen und abends auszuziehn« (E 16f.).

Kleidung als der äußere Teil der Körpersprache, als Schein
über dem Sein, dem Gesetz der Abnutzung, der Vergänglichkeit unterworfen.
Ganz besonders prägend war für Kafka, den Angehörigen
der jüdischen Minderheit zwischen der tschechischen
Mehrheit und der deutschen Oberschicht, diese Lebenssituation mit ihrer charakteristischen Identitätsproblematik
im ethnischen und sozialen Spannungsfeld der Dreivölkerstadt Prag. Die Stadt hatte 1880 etwa 260 000 Einwohner,
verdoppelte fast diese Zahl auf 442 000 im Jahre 1910, vor
allem durch Eingemeindung der Vorstädte, wo nahezu ausschließlich Tschechen wohnten, während ihr Anteil in
Groß-Prag etwa 90 Prozent betrug. Die restlichen zehn
Prozent verteilten sich zu fast gleichen Teilen auf Deutsche
und Juden. Die Mehrheit der Tschechen bestand aus Kleinbürgertum und arbeitenden Schichten, während eine großbürgerliche Minderheit in Handel und Industrie führend
war. 1918, mit dem Ende des Ersten Weltkrieges, konstituierte sich die erste Tschechoslowakische Republik. Eine
jahrhundertelange Fremdherrschaft war damit zu Ende –
ein Ziel, für das sich die panslawistische Wiedererneuerungsbewegung und der tschechische Nationalismus verstärkt seit dem neunzehnten Jahrhundert eingesetzt hatten.
Agitation und Konfrontation gehörten dabei zur Tagesordnung und belasteten das politische, soziale und kulturelle
Leben in Prag.
Antideutsche und judenfeindliche Übergriffe und behördliche Vergeltungsmaßnahmen waren nicht selten, und die
antisemitischen Ausschreitungen in Prag im Jahre 1897
sind besonders erwähnenswert, weil sie auch zur Kindheits-

erfahrung Kafkas gehörten. Einer seiner Freunde, Oskar Baum, verlor im Schulalter bei einer Auseinandersetzung durch einen tschechischen Angriff sein Augenlicht.

Um die Jahrhundertwende bekannte sich von den 25 000 Prager Juden die Hälfte zum Tschechischen als Hauptsprache, während der Rest mit der Nennung des Deutschen auch zu diesem Kulturbereich sich zugehörig erklärte. Durch Anpassung und Assimilation an die Deutschen boten sich dem aufstrebenden jüdischen Mittelstand bessere Aufstiegsmöglichkeiten in die führende Schicht der Großkaufleute, des Finanz- und Versicherungswesens und der freien Berufe. Andererseits war die Finanzkraft der Juden unentbehrlich für die Erhaltung und den Fortbestand eines recht vielseitigen Erziehungs- und Ausbildungswesens. So gab es eine auch von Kafka besuchte deutsche Universität, Fachhochschulen, Gymnasien, Handelsschulen, Grundschulen, zwei Tageszeitungen und vielerlei Vereine und Vortragszirkel, die zusammen mit den drei Theatern und den häufigen Gastspielen der führenden Bühnen Berlins und Wiens für ein reges und vielgestaltiges geistiges Leben sorgten.

Wie bei allen kulturellen Inseln bestand auch in Prag für Juden wie Deutsche die Möglichkeit, weitgehend unter sich zu bleiben, den Kontakt zu Tschechen auf das Mindestmaß zu beschränken, sei es im Beruflichen, Geschäftlichen oder im Haushalt, wo meist tschechisches, des Deutschen oft unkundiges, vom Land zugewandertes Personal die notwendigen Dienste versah, so auch bei den Kafkas von der Bedienerin bis zum Dienstmädchen und zur Köchin. Kafka war zwar des Tschechischen mächtig, mußte aber auch mehrfach Stunden nehmen, um seine Kenntnisse zu verbessern. Die gegen den Willen der Eltern durchgesetzte Heirat seiner Schwester Ottla mit einem Tschechen hat Kafka befürwortet, und seine eigene engere Beziehung zu diesem Bevölkerungsteil erlebte er in der Liebe zu Milena Jesenská.

Prag war Kafka nicht im ungebrochenen Sinn Heimat. Vorwiegend von Tschechen bewohnt, von den Deutschen regiert, Wohnplatz der erst unlängst emanzipierten Juden, eine Stadt also der Konflikte und der Koexistenz, war Prag für Kafka ein Zuhause in der Fremde. Und doch mag das von ihm zeitlebens bewohnte Altstadtviertel mit seiner zu mehr als einem Drittel deutschsprachigen Bevölkerung ihm das Gefühl ethnischer, kultureller und sozialer Zugehörigkeit bis zu einem gewissen Grade gegeben haben.

3. Kindheit und Elternhaus

Überblickt man Kafkas Werdegang, seine Kindheit und Jugend, so ergibt sich als Bilanz, daß er als Mensch unter denkbar ungünstigen Bedingungen sich hat entwickeln müssen. Ihren menschlichen und erzieherischen Fähigkeiten nach waren Kafkas Eltern keine aus den Normen ihrer sozialen Schicht herausfallenden Extrembeispiele. Die recht ›normal‹ verlaufenen Persönlichkeitsentwicklungen der drei anderen Kinder, Kafkas Schwestern, legen nahe, daß

Franz Kafka, etwa fünf Jahre alt (Wa 26).

die Erziehung durch die Eltern die üblichen Erfolge bringen konnte, wenn auch Ottla, vor allem in ihrem Widerstand gegen den dominierenden Vater, ihren eigenen Lebensweg gegangen ist. Bei dem ältesten Sohn, Franz, aber versagten die elterlichen Erziehungsmethoden weitgehend, weil sie in jeder Hinsicht ungeeignet waren für dieses Kind mit seinen besonderen Anlagen und Bedürfnissen, von der hochempfindlichen Natur Franz Kafkas abgesehen.

Das Bezeichnende an dieser verfehlten, unheilvollen Eltern-Kind-Beziehung liegt dabei weniger in besonders negativen Charaktereigenschaften des Vaters oder der Mutter, sosehr der Sohn auch hier katalogartig vieles zum negativen Charakterbild beider Elternteile anzuführen hat. Vielmehr ist es gerade die eigentümliche Mischung aus menschlicher Unzulänglichkeit der Eltern, ihrem gleichsam automatisch ausgeübten Rollenverhalten und der Empfindsamkeit des Sohnes, die so verheerende Folgen gezeitigt hat. Von Kindesmißhandlung oder übermäßig rohen körperlichen Strafen z. B. kann bei Kafka keine Rede sein. Die vielfältigen Schäden, die er erlitten haben will, sind durchweg seelischer Art. Es sind zunächst einmal für seine Bedürfnisse völlig unzureichende Bezeigungen von Liebe, Zuneigung und Zärtlichkeit. Diesem schwerwiegenden Mangel gesellten sich viele andere Negativerfahrungen zur Seite, die ganz entscheidend verhinderten, daß Kafka das für Normalverhältnisse anzusetzende Mindestmaß an Selbstvertrauen, innerer Stärke, Zuversicht, positivem Körpergefühl und Kontaktfreudigkeit für sich erlangte.

Im Gegenteil: Entsetzliche, permanente Angstzustände, Unsicherheiten, Minderwertigkeitsgefühle, durchgehende Entscheidungsunfähigkeit, mangelndes Handlungsinteresse, Kontaktschwierigkeiten und andere, tiefgehende seelische und körperliche Gebrechen machten Kafka zu einer höchst gestörten, verkrampften, zerspaltenen Persönlichkeit. Schon im lebenslang knabenhaften Aussehen kommt das eigenartige Zurückgebliebensein hinter der üblichen Erscheinungsnorm zum Ausdruck. Das Auftreten extremer seelischer Spannungen verleiht Kafka die Züge einer umfassend krankhaften Natur. In seiner Fähigkeit, in vielen Bereichen, etwa in der Familie, im Beruf und auch im menschlichen Umgang mit anderen, sich weitgehend normengerecht zu verhalten, gibt er den Eindruck einer durchaus angepaßten Persönlichkeit. Jedoch äußert sich schriftlich ein völlig andersgearteter Mensch, der zumeist leidend die auferlegten Normen zu erfüllen suchte, auch wenn er – in zahlreichen Aufzeichnungen – eine normenverletzende Kontrahaltung oft sogar mit haßerfüllter Vehemenz beschreibt.

Während im ›normalen‹ Persönlichkeitsbild die Elemente der Vielseitigkeit als integrierte Bestandteile ein und desselben Charakters sich erweisen, vermittelt Kafka den Eindruck einer äußerlich zumeist undurchdringlich einheitlichen Erscheinung, die im Innern eine jeden Augenblick zerfallende, geradezu auseinanderfliegende Vielpersönlichkeit verbirgt. Wie kaum ein anderer hat Kafka diese qualvolle Identitätsproblematik durch eine fanatische Selbstbeobachtung beschrieben. Trotz der Angst, dem Wahnsinn zu verfallen, hat er durch sein Schreiben eine gewisse innere Stabilisierung erreichen können, die ihn zum Betrachter der inneren Kämpfe machte. Diese einzigartige Selbstbetrachtung, die zwar zur Selbstanalyse hin tendiert, aber noch keine Selbsttherapie darstellt, verbindet sich bei Kafka mit einer unerbittlich konsequent durchgeführten künstlerischen Gestaltungsgabe. Selbstdarstellung und Weltdarstellung vereinen sich so auf bisher ungewohnte Weise:

»Die ungeheure Welt, die ich im Kopfe habe. Aber wie mich befreien und sie befreien, ohne zu zerreißen. Und tausendmal lieber zerreißen, als in mir sie zurückhalten oder begraben. Dazu bin ich ja hier, das ist mir ganz klar« (T 224).

Unübersehbar ist hier ein Programm von Kafkas Schreiben als Selbstdarstellung und Weltdarstellung ausgesprochen. Es ist das Besondere an seinem Leben und Werk, das die »ungeheure Welt« ganz entscheidend von der Persönlichkeitsbildung und ihren Entwicklungsstörungen mitbestimmte Welterfahrung zu umfassen scheint. Kafkas Selbsterfahrung strukturiert seine Weltsicht. Die Muster der Selbsterfahrung und des beschädigten Selbstbewußtseins liegen vorab in der leidvollen Kindheitserfahrung.

Vater und Mutter

Kafkas Vater, Hermann Kafka (1852–1931), stammte aus dem südböhmischen Dorf Wossek, das mit nur einhundert Einwohnern eine unverkennbar kleine Welt darstellte. Als Sohn Jakob Kafkas (1814–1889), der auf jiddisch Jakob Amschel hieß und von Beruf Fleischhauer war (also auch »schochet«, d. h. Schächter für das Schlachten nach jüdischem Ritus), erlebte Hermann Kafka eine entbehrungsreiche Kindheit in großer Armut in einer der auf dem Land üblichen Katen, in deren drei ebenerdigen Räumen außer den Eltern insgesamt sechs Kinder, zwei Töchter und vier Söhne, Platz finden mußten. Die Entbehrungen seiner arbeitsreichen Kindheit setzte Hermann Kafka später gegenüber seinen eigenen Kindern, vor allem gegenüber seinem Sohn Franz, als pädagogische Druckmittel ein. Hermann

Der Vater Franz Kafkas (Wa 13).

Kafka machte Vorwürfe, wo es angebracht war, Beispiele zu erzählen. Seine demütigenden Vorhaltungen erreichten das Gegenteil des angestrebten Zieles. Echtes Mitgefühl für die Leiden des Vaters wurde überlagert von Abwehrreaktionen und aufgezwungenen Schuldgefühlen. Der sich mit seinen Leiden hervortuende Vater wird zum Gegenstand eines unterschwelligen Hasses, der gegen die väterliche Übermacht und Autorität nicht zum Ausbruch kommt. Erzwungener Respekt unterminiert echte Zuneigung und Sympathie, so daß das Verhältnis des Sohnes von Gehorsam und verborgener Haßliebe gegenüber dem Vater gekennzeichnet ist.

Ungute Gefühle. Ihren Ursprung haben sie in den Zwängen, mit denen Kafkas Vater den Kindern gegenüber operierte. Sein Sohn, empfänglich bis ins Extrem noch für das kleinste Detail des väterlichen Leidens in der Kindheit, hat die aus den Tiraden und Kindheitsentbehrungen stammenden Einzelheiten sich gemerkt. In einer übergroßen Anstrengung hat er sie, anläßlich einer weiteren Demütigung durch den Vater, in dem berühmten ›Brief an den Vater‹ (1919) genauestens wieder aufgeführt. Es ist eigentlich die vom Vater seelisch nicht bewältigte Vergangenheit, die dem Sohn zur Erbschaft, zur Seelenlast, zum Schuldturm und zum Angstfaktor geworden war.

Worin bestanden denn die Entbehrungen Hermann Kafkas? Sie sind insgesamt eher typisch für das leidvolle Leben der unteren Schichten auf dem Lande zu dieser Zeit: die schmale Hauskost, sogar Hungerleiden, frühzeitige Kinderarbeit (bei jedem Wetter mit einem Handkarren in der Umgebung Besorgungen machen und Bestellungen ausfahren), Kleidermangel (wegen fehlender Schuhe auch im Winter erlitt der Vater Frostbeulen und offene Wunden) und frühzeitiges Verlassen der Familie (mit vierzehn kam Hermann Kafka in ein Geschäft nach Pisek). Gewiß eine harte, freudlose Kindheit. Daß der Vater diese Entbehrungen aber den Kindern, die in ganz anderen, städtischen und vor allem bequemeren Verhältnissen groß wurden, vorwurfsvoll entgegenhielt, um sich Respekt, Gehorsam und Gefügigkeit bei ihnen zu verschaffen, läßt auf großes

Selbstmitleid schließen. Andererseits verstand der Vater wohl nicht, wie hemmend und einschüchternd seine Vorhaltungen wirken mußten. Bei Ottla hatte es aber wie bei ihrem Vater die Folge, daß sie den Widrigkeiten zum Trotz Stärke entwickelte. Der Sohn Franz dagegen konnte zwar den Vater bewundern, weil er in seinem Lebenskampf siegreich hervorgegangen war, ihm nacheifern konnte er nur sehr bedingt, weil die väterlichen Methoden des Druckes, der Drohung, des Zwanges ihn eher lähmten und an der inneren Kraftentfaltung hinderten.

Kafkas Vater war ein besonderes Beispiel dafür, in welcher Weise die milieubedingte ungünstige Ausgangslage erfolgreich überwunden werden konnte. Seine vitale Persönlichkeit, deren Größe, körperliche Stärke und stattliche Erscheinung Kafka nicht nur negativ beeindruckten, sondern auch mit Bewunderung erfüllten, setzte die ärmliche Herkunft um in Antrieb und Ehrgeiz, sich im Leben hochzuarbeiten. Der aus diesen Verhältnissen stammende Landjude Hermann Kafka erlebte einen typischen Lebenslauf: Ihm gelang durch Fleiß, Geschäftstüchtigkeit und rücksichtsloses Durchsetzungsvermögen der Aufstieg in den deutschjüdischen Mittelstand Prags. Erschien er seinem Sohn zwar als Tyrann und in der Behandlung des Personals im Haushalt und vor allem im Geschäft als menschenschindender Treiber, so repräsentierte er andererseits doch die bürgerlichen Erfolgstugenden der Leistungsgesellschaft, die Kafka zeitlebens auch für sich als Normen verbindlich ansah. Allerdings gelang ihm die eigentliche Verwirklichung im Sinne einer dazugehörigen bürgerlichen Existenz überhaupt nicht, sosehr er sich besonders in seinen Heiratsplänen immer wieder darin versuchte.

Kafkas Mutter Julie (1856–1934), Tochter des Tuchhändlers und Brauereibesitzers Jakob Löwy (1824–1910), war in Podiebrad an der Elbe geboren und lebte seit ihrer Kindheit in Prag. Sie stammte aus einer wesentlich wohlhabenderen Familie, die auch das merklich höhere Bildungsniveau des assimilierten deutsch-jüdischen Bürgertums aufwies. Der Vater ihrer Mutter Esther (geb. Porias) war ein angesehener Talmudist gewesen, bewandert in den religiö-

*Die Mutter Franz Kafkas
(Wa 13).*

sen Schriften des Judentums, und Franz Kafka hat, von diesem gelehrten Zweig der Familie beeindruckt, immer diese Tradition der Löwys gegenüber der kulturellen und materiellen Bedarftheit der Kafkas, sosehr sie auch erfolgsorientiert waren, hervorgehoben. Kafkas Mutter scheint aber keine übermäßig kulturell und geistig interessierte Frau gewesen zu sein, was zum Teil mit ihrer nicht unbeschwerten Kindheit und Jugend zusammenhängt.
Hermann Kafka, durch einen dreijährigen Militärdienst ›geschliffen‹, ließ sich 1881 in Prag nieder nach einem unsteten, wenn auch erfolgreichen Leben als hausierender Wanderhändler. 1882 heiratete er die ihm standesmäßig überlegene Julie Löwy, die offensichtlich auch eine gute Partie war, denn von dem als Mitgift eingebrachten Geld konnte ein bald florierendes Galanterie- und Kurzwarengeschäft in der Zeltnergasse 12 in der Prager Altstadt eröffnet werden. Dort wurden Modeartikel, Handschuhe, Hausschuhe, Sonnen- und Regenschirme, Spazierstocke und Baumwollenes zum Verkauf angeboten. Der geschäftliche

Erfolg der Familie Kafka läßt sich an dem häufigen Wechsel der Wohnungen, aber auch der Geschäftsadresse erkennen, eine für Kafkas Kindheit nicht unwichtige Tatsache, weil diese Wechsel zugleich auch immer besondere Störungen im Familienleben und fortgesetzte Unruhe auch im seelischen Bereich verursachten. Ab 1912 befand sich der väterliche Laden im Kinsky-Palais am Altstädter Ring, während die Wohnungswechsel nicht beendet waren.

Franz Kafka wurde am 3. Juli 1883 in einem ehemals recht ansehnlichen Haus neben der Altstädter St.-Niklas-Kirche an der Ecke Maislgasse und Karpfengasse geboren. Dieses Haus aus ehemaligem Klosterbesitz und früher von Mönchen bewohnt stand am Rande des alten Judenghettos, dessen Tore von Kaiser Joseph II. im achtzehnten Jahrhundert geöffnet worden waren, obwohl die volle bürgerliche Emanzipation der Juden in der Habsburgermonarchie erst ab 1849 erfolgte. Kafkas Geburtshaus war im neunzehnten Jahrhundert in Mietwohnungen aufgeteilt worden. Es beherbergte auch zeitweilig ein deutsches Theater und wurde 1897 im Zuge der Beseitigung des Ghettos abgerissen, nachdem Kafkas Eltern ihre bescheidene Wohnung in dieser heruntergekommenen und etwas anrüchigen Gegend verlassen hatten, um durch ständigen Wohnungswechsel die Sprossen sozialen und geschäftlichen Aufstiegs zu erklimmen: so in den geräumigen Wohnverhältnissen des Renaissancehauses Minuta (1889–1896) unweit des Altstädter Rathauses mit seiner bekannten astronomischen Uhr, in der Zeltnergasse 3 (1896–1907), in der bürgerlich-eleganten Niklasstraße 36 (1907–1913) und im Oppelt-Haus, dem Wohnsitz der Familie seit 1914, wiederum am Altstädter Ring an der Ecke Niklasstraße. Kafkas Geburtshaus wurde durch ein neues Gebäude unter Verwendung des alten Hausportals ersetzt. Heute befindet sich an der Hausecke eine Kafka-Gedenkbüste und Tafel. Schräg gegenüber hat sich das Henker-Haus ›Zum Grünen Frosch‹ (1654) erhalten, bemerkenswert wegen seines Tierreliefs. Machte sich Hermann Kafka wie seine zahlreichen Mitverwandten daran, mit dem »Kafkaschen Lebens-, Geschäfts-, Eroberungswillen« (H 121) seinen Platz in der besseren

Hauszeichen ›Zum Grünen Frosch‹ (Merian: Prag 27).

Prager Gesellschaft zu erkämpfen, so hatte sein vorwiegend materiell ausgerichteter Lebenssinn schwerwiegende nachteilige Folgen für seinen zarten, körperlich schmächtigen und seelisch hochempfindlichen Erstgeborenen, der die Erwartungen und Ansprüche, die in einen Stammhalter üblicherweise gesetzt werden, zu erfüllen nicht imstande war. Kafkas Vater zeigte keinerlei Geduld mit dem seine Vorstellungen nicht entsprechend realisierenden Kind. Statt zu fördern, Nachsicht zu zeigen, das Kind sich selbst entfalten zu lassen nach eigenem Rhythmus und Entwicklungsvermögen, setzte Hermann Kafka ihm mit seinen Erziehungsmethoden zu: »Schimpfen, Drohen, Ironie, böses Lachen und – merkwürdigerweise – Selbstbeklagung« (H 129). Der Vater war, offenbar von Ehrgeiz, Machtstreben, Willensstärke und Gefühlskälte getrieben, sicherlich kein liebender, verständnisvoller Freund und Förderer der kindlichen Psyche. Verursachte diese Respekt für sich erheischende Autoritätsperson dauernde Demütigung, Verunsicherung, Minderwertigkeitskomplexe, lähmende Angst und nicht zu bewältigende Schuldgefühle, so lassen sich die erheblichen Störungen und Schäden ermessen, die Kafka schon von der frühkindlichen Entwicklungsphase an in seiner Persönlichkeitsentfaltung daran gehindert haben, ein selbständiger, reifer, seine eigenen Belange voll wahrnehmender Erwachsener zu werden. Er blieb der »ewige Sohn« (Peter Handke).

Verständnislose Strenge, erzieherische Schikanen und Bestrafungsmethoden, seelische Grausamkeiten sind ein vielfaches Thema der Literatur des ausgehenden neunzehnten Jahrhunderts. Erinnert sei nur an Frank Wedekinds (1864–1918) »Kinder-Tragödie« ›Frühlings Erwachen‹ (1891). Auch Kafka hat sehr bald gespürt, daß die überwältigende Figur des Vaters zu einem Netz von autoritären Instanzen gehörte, denen er machtlos ausgeliefert war, von denen ständige Verletzungen ausgingen, Beschädigungen von Geist und Seele. Aber er hat auch in diesem scheinbar recht lückenlosen Autoritätssystem Widersprüche entdeckt, die die Allmacht der Figuren als mehr oder minder blanke Gewaltanwendung, als Schändung menschlicher Rechte, der Menschenwürde und des Prinzips der Unverletzbarkeit des Kindes erscheinen ließen.

Denn es gab ja auch schon in der Familie einen Gegenpol zum bedingungslosen Autoritätsprinzip: das »Gutsein« der Mutter, die im »Wirrwarr der Kindheit das Urbild der Vernunft« (H 133) darstellte. Daß Kafka hier die Konstruktion (vielleicht aus Einsicht, aber auch aus Wunschdenken heraus) der Mutterrolle gelingt, die mit dem wirklichen Verhalten seiner Mutter, über das er vielfältige Klagen vorzubringen weiß, nicht übereinstimmt, sei schon hier angedeutet. Wie denn Kafka als Kind wahrscheinlich mehr instinktiv, später bewußter unterscheiden lernte zwischen dem Rollenverhalten seiner Eltern und anderer Erziehungsinstanzen und ihrem Verhalten aufgrund charakterlicher Eigenschaften und persönlicher Mentalität. Es konnte nicht ausbleiben, daß Kafka die Doppelbotschaften im Verhalten seiner Eltern, die ihn sehr verwirrten und entscheidungslos machten, recht bald erkannte. Denn der überdeutliche Gegensatz zwischen den einschüchternden Verhaltensnormen der Kafkas und den davon sehr verschiedenen Umgangsformen und der Verhaltensweise der Löwys führte schon dem Kind deutlich vor Augen, wie unberechtigt, wie fragwürdig der vom Vater im Familienleben durchgesetzte unbedingte Autoritätsanspruch eigentlich war. Auch die weitere Sozialerfahrung, das Kennenlernen von Mitschülern aus wesentlich harmonischeren Familien und überhaupt die Erfahrungen in der Schule waren nach neuesten Forschungen keineswegs nur negativ, denn es läßt sich eine ganze Reihe von verständnisvollen, gebildeten, am geistigen Fortkommen der Schüler interessierten Lehrern ausmachen. Diese vom Kafkaschen Elternhaus differierenden Erfahrungen haben mitgeholfen, die von Kafka zwar akzeptierte, weil dominierende Stellung des Vaters insgeheim doch in Zweifel zu ziehen. Er bekundet auch mehrfach seinen grenzenlosen Haß gegen diesen überstarken Herrscher; aber er hat nie eine erfolgreiche Rebellion, Abwendung vom Vater und Selbstfindung vollzogen.

Kafkas Scheitern, zur Selbständigkeit eines reifen Menschen zu gelangen, seine Belange im Persönlichen, im Beruf, im Hinblick auf Ehe und Familie und das existenzwichtige Schreiben voll und entschlußkräftig wahrnehmen zu können, diese von ihm immer wieder beklagte Unfähigkeit im Grundsätzlichen ist keine angeborene Schwäche, auch wenn Kafka sich gelegentlich eine solche Natur zuschreibt. Diese Hemmnisse scheinen vielmehr aus jenen traumatischen Erfahrungen der Kindheit zu stammen, die sich für Kafka vor allem in einem Erlebnis zusammenfassend darstellten.

Das Pawlatsche-Erlebnis

Diese von Kafka im ›Brief an den Vater‹ wiedergegebene Kindheitserinnerung bezieht sich auf einen Vorfall, der, verglichen mit damals und heute nicht unüblichen Kindesmißhandlungen und Maßregelungen des Verhaltens durch körperliche Züchtigung, zunächst nicht so schwerwiegend anmutet. Hermann Kafka hatte seinen nachts um Wasser »winselnden« Sohn, »nachdem einige starke Drohungen nicht geholfen hatten«, aus dem Bett im gemeinsamen Schlafzimmer entfernt und ihn auf den Balkon (in Prag »Pawlatsche« genannt) getragen, wo er ihn »allein vor der geschlossenen Tür ein Weilchen im Hemd stehn« ließ (H 122). Kafka summiert dann selbst sehr treffend die Bedeutung des Vorfalls im Hinblick auf die Fragwürdigkeit der ›Erziehungsmittel‹ des Vaters. Er verweist mit Nach-

druck darauf, daß er, obwohl schon damals sehr »folgsam«, einen großen »inneren Schaden« davontrug. Die beim Kleinkind natürlich gegebene Angst, allein gelassen, ausgesetzt zu werden, den lebensnotwendigen elterlichen Schutz zu verlieren, vergrößerte sich bei Kafka hier traumatisch. Er schreibt: »Noch nach Jahren litt ich unter der quälenden Vorstellung, daß der riesige Mann, mein Vater, die letzte Instanz, fast ohne Grund kommen und mich in der Nacht aus dem Bett auf die Pawlatsche tragen konnte und daß ich also ein solches Nichts für ihn war« (H 123).
Die traumatisierende Sequenz wird deutlich: Ein Bedürfnis des Kindes wird unbefriedigt gelassen. Statt dessen erfolgt als Antwort der Versuch, durch wiederholte Drohungen das Kind zum Schweigen, also zur Aufgabe seines Bedürfnisses zu zwingen. Dann steigert sich das negative Verhalten des Vaters, der, offensichtlich verärgert und zornig, ohne jede Erklärung zu einer als Bestrafung beabsichtigten, sehr unangemessenen Handlung schreitet: Er sperrt das Kind aus. Das Panikverhalten des Sohnes (Winseln) soll durch panischen Schrecken und Angst bestraft und Gehorsam gegenüber dem väterlichen Willen, der rein verbal durch die Drohungen sich nicht durchsetzen konnte, erzwungen werden. Kafka hat die seelische Grausamkeit dieses Vorgehens völlig richtig und sehr eindringlich erfaßt. Er schildert auch anschaulich das entsetzliche Gefühl der Hilflosigkeit und die vom Vater aufgezwungene Selbsteinschätzung, ein nichtiges, nichtswürdiges Wesen zu sein.
Das bei Kleinkindern übliche nächtliche Aufwachen, sei es aus körperlichen Gründen, also wie hier bei Kafka das Durstigsein, sei es aus Gründen eines Angstgefühls, das aber oft nicht als solches artikuliert wird, sondern sich anders äußern muß, nämlich als ein Bedürfnis, das die Eltern oder Bezugspersonen zu befriedigen gebeten werden – dieses kindliche Verhalten, das unter allen Umständen Aufmerksamkeit, Gefühlszuwendung, liebende Behandlung zu erlangen sucht, ist in Kafkas Fall durch die Unfähigkeit des Vaters, sich überhaupt auf das Anliegen des Kindes einzulassen, zu einem Trauma mit katastrophalen Folgen ausgeartet. Vielleicht war das so dringliche

Ums-Wasser-Bitten eine Übertreibung des Kindes wegen einer ungenannten Ängstigung, vielleicht aber auch ein tatsächliches Durstigsein. Erfahrene Eltern versuchen zunächst einmal herauszufinden, worum es sich handelt. Sie sorgen sowohl für das leibliche Wohl, wenn es darum geht, und sie geben zugleich jene Zärtlichkeitsbeweise, die dem Kind über die inneren, zumeist gar nicht bewußten Ängste hinweghelfen. Kafkas Vater scheint sich so verhalten zu haben, wie er es selbst als Kind erlebt hat, ohne Einfühlungsvermögen, streng, verärgert, die kindlichen Belange als Last empfindend. Sein Verhalten aber signalisierte dem Sohn: Durst oder gar Ängste zu haben ist nicht natürlich und unerlaubt. Zuwiderhandlungen werden bestraft. So wie der Vater den Sohn immer wieder anherrschte: »kein Wort der Widerrede!« (H 128). Auch in der nächtlichen Szene dienen die Drohungen dazu, das Kind zum Schweigen zu bringen, es mundtot zu machen, ihm die Äußerung seiner Bedürfnisse auszutreiben.

Noch in seiner Rückerinnerung bezieht Kafka diese grausam erteilte und folgsam verinnerlichte Lehre mit ein, denn er betont nicht etwa die Berechtigung seines Ums-Wasser-Bittens, sondern das Machtwort des Vaters wirkt in ihm nach, denn er schreibt: »Das für mich Selbstverständliche des sinnlosen Ums-Wasser-Bittens und das außerordentlich Schreckliche des Hinausgetragenwerdens konnte ich meiner Natur nach niemals in die richtige Verbindung bringen« (H 122). Was bedeutet, daß Kafka nie begriff, warum es sich bei seiner Bitte um ein Vergehen, eine zu bestrafende Tat handeln sollte und warum die erfolgte Strafe in ihrem Ausmaß in keinerlei Beziehung zu dem eigentlichen Anlaß stand. »Sinnlos« muß Kafka sein Bitten zudem nachträglich erscheinen, weil es doch nicht erfüllt wurde, sondern sogar als Vergehen geahndet wurde. »Sinnlos« erscheint es Kafka aber auch, weil es, wie er bezeichnenderweise behauptet, »gewiß nicht aus Durst, sondern wahrscheinlich teils um zu ärgern, teils um mich zu unterhalten« geschehen sei (H 122). Nur zu deutlich läßt diese Stelle erkennen, wie Kafka die Reaktion des Vaters (Ärger) verinnerlicht hat und sich selbst das Ärgernwollen als Absicht unterstellt, was absurd erscheint, wenn man sich ein nächtlich aufwachendes Kind vorstellt. Auch die angeblich zweite Motivation, aus Lustgewinn um Wasser gebeten zu haben, unterstellt ein Ärgernwollen. Statt hier dem Dichter zu folgen und ein gleichsam von Natur aus ›böses Kind‹ anzusetzen, ist es wahrscheinlicher, daß Kafka sich Absichten unterstellt, die auf die väterlichen Vorwürfe zurückzuführen sind. Es müssen nicht unbedingt genau erinnerte Vorwürfe sein, was diese besondere Situation anbelangt, aber solche die ihm stereotyp gemacht wurden, wenn der Vater aus Mangel an Einfühlungsvermögen, aus Unlust oder aus Bequemlichkeitsgründen seinem Sohn Unarten unterstellte, statt die wahren Bedürfnisse und Belange herauszufinden oder gar die als Vorwände geäußerten Wünsche zufriedenzustellen.

Das Pawlatsche-Erlebnis läßt Grundzüge der autoritären Erziehung erkennen: fraglose Anerkennung der elterlichen Autorität, unbedingter Gehorsam, Verneinung körperlicher Bedürfnisse und Verdrängung seelischer Anliegen, Etablierung einer unfehlbaren Instanz, die jedes Verhalten unter angedrohten und tatsächlichen Strafen maßregeln kann. Die Vergehen-Strafe-Beziehung bleibt völlig uneinsichtig, weil keine rational erfaßbare Konsequenz und Begründbarkeit, sondern Irrationalität und Willkür, also im Grunde blinde Gewaltanwendung vorherrschen. Man übertreibt nicht, wenn man das Pawlatsche-Erlebnis als Kafkas Einführung in das Wirken der Macht, als Erfahrung seelischen Terrors bezeichnet. Die verkrüppelnde Wirkung, was Selbstgefühl, Selbstvertrauen, innere Stärke und auch das allgemeine Weltverständnis, das Erleben zwischenmenschlicher Beziehungen anbelangt, ist nur zu deutlich.

Nun sollte man meinen, es hätte für Kafka doch nicht zu schwierig sein können, sich dem Einfluß seines Vaters trotz der ›geistigen Oberherrschaft‹ zu entziehen oder, wie die Schwester Ottla, entsprechende Gegenkräfte zu entwickeln, also den Vater auf dessen eigenem Feld zu schlagen. Daß dies nicht gelang, hat viele unterschiedliche Gründe. Einige verweisen auf Kafkas lebenslange Faszination gegenüber all den Eigenschaften, die ihm selber völlig abgingen. So bewunderte er die physische Stärke, den kraftvollen Körperbau und die ungezähmte Vitalität seines Vaters, während er selbst einen sehr fragilen Körper hatte, dessen Belange er viel zu sehr vernachlässigte, auch wenn er durch Reiten, Schwimmen, Tennisspielen und zeitweilige Gartenarbeit und vor allem eine strikte vegetarische Lebensweise seinem Körper Genüge leisten wollte. Robustheit und körperliche Geschicklichkeit als Teile des Selbstverständnisses gingen ihm ab; das aus der Militärzeit stammende Singen des Vaters, sein lautes Reden, das gegenüber dem Personal, aber auch den Kindern in tyrannisches Schreien und glatten Einschüchterungsterror ausarten konnte, waren ihm verhaßt, wie ihm denn auch die Freizeitbeschäftigungen des Vaters, das tägliche Kartenspielen etwa, ein Greuel waren, bildungsfern und einfallslos, allenfalls Zeichen eines Normallebens, dem er nur zwiespältig gegenüberstehen konnte. Von schwerwiegenderem Schaden für Kafka war aber die Überbeanspruchung der Mutter durch den Vater. Dieser wunde Punkt spielt in seinem Leben und in seinem Werk als deutlich nachweisbarer Mutterkomplex eine zentrale Rolle.

Die unerreichbare Mutter

Die übermächtige, Schicksal spielende Rolle von Kafkas Vater hat lange den Blick auf die Problematik seiner unerfüllten Mutterbeziehung verstellt. Julie Löwy war zwar, schon von ihrer Herkunft, von ihrem Aufwachsen her ein Gegenstück zum Vater, aber die soziale Rollenaufteilung in der Familie wies ihr eine untergeordnete Stellung zu. Nun hätte sie, selbst in dieser Position, einen Gegenpol zum überstrengen Vater darstellen können, wenn sie in der Lage gewesen wäre, auf die von Ängsten beherrschte Gefühlswelt ihres Sohnes einen besänftigenden und vor allem bestärkenden Einfluß auszuüben. Denn nach dem Rollenschema der bürgerlichen Kleinfamilie gehörte der ganze Gefühlsbereich besonders zu den weiblichen Pflichten und mütterlichen Aufgaben. Die Mutter als gefühlsengagierte Bezugsperson hatte üblicherweise Sorge für die Bezeigung von Liebe, Zuneigung und Zärtlichkeit zu tragen. Kafkas Mutter scheint dieser Rolle nicht genügt, jedenfalls nicht die seelischen Bedürfnisse ihres Ältesten zufriedengestellt zu haben.

Drei Aspekte fallen dabei ins Gewicht, die sich auf Kafka persönlichkeitsschädigend ausgewirkt haben: die Dominanz der Mutter durch den Vater; die Unausgeglichenheit der Mutter in ihrer Gefühlszuwendung gegenüber dem Sohn und der Mangel an tieferem Verständnis bei seelischen Konflikten.

Kafkas Klagen über die Überbeanspruchung der Mutter durch den Vater im Haushalt (sie war ihm Dienerin, Gesprächspartnerin, Partnerin beim täglichen Kartenspiel) und im Geschäft (ganztägige Hilfe der Mutter) werden von ihm selber auf die Formel vom Vater als »liebendem Tyrann« und der Mutter als »liebender Sklavin« (F 219) gebracht. So wie Kafka seinen Vater häufig gar nicht sah, sondern nur bei Tisch und dann von ihm wegen seiner Essensmanieren gescholten oder ermahnt wurde, ging ihm die Mutter nahezu völlig ab, vor allem in den Frühphasen seiner Kindheit. Denn als Säugling wurde er in die Obhut einer Amme gegeben. Die Reihe der zahlreichen Ersatzfiguren für die Mutter und zugleich die seelisch unbefriedigenden Erfahrungen, die ihm von früh an zuteil wurden, beklagt er entsprechend in einem Brief an Felice Bauer, wo er das Alleinsein hervorhebt und das sich Herumschlagen »mit Ammen, alten Kindermädchen, bissigen Köchinnen, traurigen Gouvernanten« (F 193).

Während solche Ersatzfiguren oft eine der natürlichen Mutter gleichrangige Position einnehmen können, hat Kafka einige denkbar schlechte, ebenfalls traumatisierende Erfahrungen gemacht. Die bissig genannte Köchin pflegte ihn auf dem Schulweg in die Volksschule auf sadistische Weise zu tyrannisieren, indem sie ihm androhte, ohne je diese Drohungen wahrzumachen (leere Drohung als reiner Seelenterror!), ihn wegen eines gar nicht vorliegenden schlechten Verhaltens bei den Lehrern anzuzeigen. Die Gouvernante Bailly, der Kafka ausreichende Französischkenntnisse verdankt, scheint ihm während der Pubertät in

Franz Kafka, 18 Jahre alt (Wa 218).

einer ohnehin labilen Phase bei Gelegenheit eines Erregungszustandes sexuell nahegekommen zu sein. Ob ihr die Verführung gelungen ist, kann nicht belegt werden, aber in Kafkas Romanfragment ›Der Verschollene‹ (›Amerika‹) wird der jugendliche Held Karl Roßmann aufgrund der Tatsache, daß ihn eine Köchin verführt und ein Kind von ihm bekommen hat, von seinen Eltern strafweise in die Neue Welt verstoßen. Im ›Urteil‹ fällt die Abwesenheit (›Tod‹) der Mutter auf; die Mutterfigur in der ›Verwandlung‹ ist hysterisch und schwach und für Gregor Samsa unzugänglich. Ähnlich unerfüllte Mutterbeziehungen zur natürlichen oder zur Ersatzmutter lassen sich auch im ›Prozeß‹ und im ›Schloß‹ erkennen.
Erschwerend für die Gefühlsbeziehung zwischen Kafka und seiner Mutter kam hinzu, daß sie selber gefühlsgeschädigt war und leicht zu Depressionen neigte. Andererseits durchlief sie periodisch in unausgeglichener Weise Zeitspannen, in denen sie sich wieder mehr ihrem Sohn widmete, wenn auch aufgrund starker Schuldgefühle. Dies kann der Echtheit der gezeigten Gefühle nicht zuträglich gewesen sein.
Kafkas Mutter Julie hatte im Alter von drei Jahren die Mutter verloren, ihre Großmutter wurde darüber wahnsin-

nig und verstarb nach einem weiteren Jahr. Diese Erlebnisse mußten das Kind sehr stark belasten und ihm, da es kaum Beistand erhielt, Unverkraftbares aufladen. Zudem wurde dieses Mädchen sehr früh in den Haushalt eingespannt, also schon in der Kindheit in die Mutterrolle hineingedrängt und durch diese Umstände ähnlich wie Kafkas Vater um eine unbeschwerte, sorgenfreie Kindheit betrogen. Sie scheint diese Aufgaben mit entsprechender Folgsamkeit erledigt zu haben. Angesichts dieser fraglosen Betreuung von vier Brüdern und der auferlegten Pflichterfüllung ist es wohl nicht zu einer freien, seelisch unbelasteten Persönlichkeitsentwicklung gekommen. Hier schon wurde die »liebende Sklavin« vorgeprägt, als die sie Kafka später erschien: Gefügigkeit, Unterordnung, Hintanstellung aller eigenen Ansprüche und Belange.

Zudem mußte Kafka die ohnehin nicht übermäßig geäußerte Aufmerksamkeit der Eltern und ihre – sofern überhaupt vorhandene – Zuneigung mit zwei Brüdern teilen, Georg (1885–1887) und Heinrich (1887–1888). Beide starben früh »durch Schuld der Ärzte« (F 193), wie Kafka bezeichnenderweise zu wissen vorgab. Man nimmt an, daß er sich selber an dem Tod seiner Brüder schuldig fühlte, weil er, als Kleinkind mit dem plötzlichen Verschwinden seiner um die Gunst der Eltern rivalisierenden Brüder konfrontiert, auf sich allein gestellt ohne jeglichen seelischen Beistand von seiten der Eltern, sich dann selber Mitschuld am Tod der Brüder geben mußte. Denn insgeheim wünscht sich das Kleinkind immer das Verschwinden jedes unliebsamen Rivalen.

Besonders im Falle Georgs, der als kräftiger, gesunder Junge viel eher als der schwächliche und rachitische Erstgeborene ein Sohn nach dem Herzen Hermann Kafkas gewesen sein muß, scheint der plötzliche Tod in Franz die erwähnten Schuldgefühle ausgelöst zu haben. Neidgefühle gegenüber dem Nebenbuhler kann man durchaus ansetzen. Der Tod erscheint einem Vierjährigen ohnehin unfaßbar, und daß Kafka sich nach so langen Jahren, 1912, überhaupt noch an seine Brüder und ihren frühen Tod erinnert, zeigt an, wie unverarbeitet und schockhaft dieses Erlebnis seine

Erinnerung besetzt. Aufgrund des mangelnden Einfühlungsvermögens beim Vater und der Unfähigkeit der Mutter, in echte Gefühlsbeziehungen jenseits etwaiger Schuldgefühle einzutreten, ist Kafka diesem Sterben der Brüder hilflos, ohne seelischen Beistand ausgeliefert gewesen, so daß das Gefühl der Mitschuld am Tod von ihm ungehindert Besitz ergreifen konnte.

Die Unerreichbarkeit der Mutter für seine tieferen Gefühlsbedürfnisse stellte Kafka auch auf einem Umweg dar. Denn gerade die Erzählung von dem seine Mutter sicherlich traumatisierenden Ableben ihrer eigenen Mutter und ihrer Großmutter wird für ihn zur Identifikationsmöglichkeit mit der ›unerreichbaren Mutter‹. 1911, im Zuge seiner Auseinandersetzung mit dem Judentum, angeregt durch die in Prag gastierende jiddische Schauspieltruppe, geht Kafka seiner eigenen jüdischen Herkunft nach. Nach Jahrzehnten des Heranwachsens im assimilierten Westjudentum Prags versucht er, sich Klarheit über seine eigenen, jüdischen Wurzeln zu verschaffen. »Ich heiße hebräisch Amschel«, beginnt diese wichtige Tagebuchstelle, die beeindruckt von dem Urgroßvater mütterlicherseits als einem »sehr frommen und gelehrten Mann« spricht (T 156). Beim Sterben dieses Talmudisten mußte Kafkas Mutter durch Festhalten der Zehen der Leiche um Vergebung möglicher begangener »Vergehen« bitten. Schuld und Vergebung, hier rituell geregelt, sind in ganz anderer Weise verbindlich und nachvollziehbar als Kafkas Erleben des Wegsterbens seiner Brüder. Die Erzählung im Tagebuch erwähnt zusätzlich den frühzeitigen Tod der Großmutter mütterlicherseits an Typhus, was Kafkas Urgroßmutter in Trübsinn fallen ließ, bis man sie ein Jahr später als Leiche aus der Elbe zog. Dieser doppelte Tod zweier Muttergestalten seiner Vorfahren muß Kafka gerade im Hinblick auf die Unerreichbarkeit der eigenen Mutter bedeutsam gewesen sein.

Zwar ist die Mutter für Kafka das »Urbild der Vernunft« gewesen, was doch wohl auf ihre andere Rolle und teilweises Gegengewicht gegenüber dem absoluten Herrschaftsanspruch des Vaters anspielt, auch verstand sie es, bis zu einem gewissen Grade das Liebebedürfnis ihres Sohnes

zufriedenzustellen, aber die heillose Willkür, die Kafka in
seiner Familie erdulden mußte, ließ ihm diese als tierischen
Verband, als »Rudel« (F 729) erscheinen, nicht als menschliche Gemeinschaft. Deshalb vertrat er später auch entschieden die Meinung – in Übernahme der Ansichten Jonathan Swifts: »Eltern dürfe man am wenigsten unter allen
Menschen die Erziehung der Kinder anvertrauen«
(Br 343). Erziehung bedeutete für Kafka, nach eigener Erfahrung und umfänglicher Beobachtung, die unerbittliche
Zertrümmerung eines wehrlosen Wesens. Und er hatte
Anlaß genug, außer den Eltern und der Familie viele andere Bezugspersonen und Erziehungsinstanzen für seine
persönlich erlittenen Schäden verantwortlich zu machen.
Er hatte am eigenen Leibe und in eigener Seele die unmenschlichen Aspekte einer keineswegs kinderfreundlichen Erziehung erkannt, und diese Erfahrungen sind wichtige Grundlagen für seine Menschendarstellung in den
dichterischen Werken, sei es als Darstellung von Konflikten, sei es als Problemlösungsspiel in erfundenen, mit dem
eigenen Erleben aber eng verknüpften Geschichten. Kafka
als Menschen zu verstehen kann daher wertvolle Aufschlüsse geben zum Verhalten seiner Figuren, auch wenn
sie mehr sind als nur Abspaltungen seiner seelischen Konflikte.

So ergibt sich als Fazit von Kafkas Kindheitsentwicklung:
ein überaus ängstlicher, scheuer, schamhafter Mensch, der
schnell verlegen, unsicher und befangen reagiert, der kontaktarm und isoliert seinen schwächlichen, rheumatischen
Körper akzeptieren muß, ausgeliefert einer Welt, der er
sich hilflos und verwirrt gegenüber fühlt, auf die er dennoch mit Beobachtungsgabe, sensibel, empfindsam und sogar empfindlich zu antworten weiß, soweit seine Beziehungsängste, seine Gefühle der Minderwertigkeit, der
Nichtigkeit, der Schuld es zulassen. Das deutliche Bewußtsein seiner Schwächen, Unzulänglichkeiten, der wirklichen
und eingebildeten, und die Gewißheit, völlig unfähig zu
sein, allgemeinen Erwartungen und Ansprüchen seinem
Gesellschaftsmilieu entsprechend normengerecht genügen
zu können, lassen in Kafka kein Ichgefühl, Stärkebewußt-

sein, Selbstvertrauen aufkommen. Selbst körperliche Gebrechen, Verdauungsbeschwerden, Rheumatismus, Schlaflosigkeit, Lärmempfindlichkeit, Angst vor Mäusen, Nervenerkrankungen, Hypochondrie, die Furcht vor einer Rückgratsverkrümmung, selbst die Entwicklungsstörungen, sexuellen Probleme und Rückstände kindlicher Verhaltensweisen bis hin zum unverhältnismäßig knabenhaften Aussehen im Erwachsenenalter – all diese aufzählbaren Belastungen und katalogartigen Abweichungen von der Normalexistenz schaffen nicht die Tatsache aus der Welt, daß Kafka trotz seiner krankhaften Persönlichkeit ein einzigartiger Schriftsteller gewesen ist und als solcher auch fasziniert. Denn sein Werk ist von großer sprachlicher Meisterschaft, überragender Darstellungskunst und unausschöpflicher Gedankentiefe. Kafkas Kunst ist ein weltweites Ereignis geworden, weil dieser Dichter die Extreme seiner konfliktreichen Existenz auf einzigartige Weise künstlerisch greifbar gemacht hat; weil ein Zeitalter der Krisen und Umwälzungen in diesem Werk seine Verunsicherungen und Ängste widergespiegelt findet; und weil schließlich Zeitgefühl und Vorweltliches auf eine überzeitliche Weise in dieser Sprachkunst Gestalt angenommen haben.

4. Ausweg Schreiben

Die Anfänge von Kafkas Schreiben liegen im dunkeln. Sie scheinen in die Jugend zurückzureichen bis in die Jahre 1897/98. Er hat alle diese Versuche vernichtet und später nur selten auf einzelnes Bezug genommen. Wie in Prager Familien seines Standes damals üblich – und nicht nur in Prag –, hat Kafka als Schüler besonders für Geburtstage der Eltern kleine Stücke geschrieben und zusammen mit den Schwestern aufgeführt. Diese Gelegenheitsarbeiten waren die üblichen Fingerübungen. Die Ermunterung, ernsthafter zu schreiben, mußte in Kafkas Elternhaus ausbleiben. Dort war ohnehin die Welt der Literatur, das Lesen von Büchern, das Erzählen, sogar das bescheidene

Vorlesen von Märchen nicht Teil des vom Geschäftlichen so überbeanspruchten Alltags. Aber Kafka kam durch seine Schulkameraden und durch die Schule überhaupt in Kontakt mit der Literatur und auch zum Schreiben. In Max Brods Elternhaus gab es eine ansehnliche Bibliothek, die zu vielerlei Abenteuern mit Büchern einlud. Ähnlich wie bei Brod wurden auch die schriftstellerischen Neigungen Franz Werfels im Elternhaus gefördert. So anekdotenhaft es anmuten mag, Werfels Mutter entschuldigte die schwachen Leistungen ihres Sohnes in der Schule mit seinen schönen Gedichten, sah in dem Kreativen also einen höheren Wert als in dem Erlernen. Solche über bloße Förderung und Ermunterung hinausgehende Verehrung und Liebe zur schriftstellerischen Betätigung hat Kafka von seinen Eltern nicht erfahren. Im Gegenteil, 1913, beim Vorlesen des ›Heizers‹ vor dem »höchst widerwillig zuhörenden Vater«, verinnerlicht er diesen Unmut sofort zu bitterer Selbstkritik (T 224). Entrüstet und tief verletzt klagt er 1919 über die Fühllosigkeit des Vaters, der die Übergabe des gerade erschienenen Buches ›Ein Landarzt‹, ohne sein Kartenspielen zu unterbrechen, quittiert: »Leg's auf den Nachttisch.«
Verächtlichmachung erfuhr Kafka auch sehr früh, als er in seiner Jugend den ersten Romanversuch unternahm. In der Familienrunde bei den Großeltern überliest ein zum Sadismus neigender Onkel das Geschriebene – es handelt sich um zwei Brüder, von denen einer nach Amerika auswandert, der andere im heimischen Gefängnis in Europa bleibt; die betreffenden Blätter enthalten eine Beschreibung dieses Gefängnisses – und macht Kafka vor allen Anwesenden lächerlich mit der verächtlichen Bemerkung: »das gewöhnliche Zeug«. Entsprechend dem Pawlatsche-Erlebnis fühlt sich Kafka auch hier nicht nur geringgeschätzt, sondern völlig ausgestoßen: »aus der Gesellschaft war ich tatsächlich mit einem Stoß vertrieben« (T 32).
Obwohl man ihm immer wieder den Mund verbat oder die Neigung zur Phantasietätigkeit austreiben wollte, hat Kafka vielfältige Anregungen im Freundeskreis und in der Schule aufgenommen, die ihn mit einem Kanon literari-

scher Werke von der Antike bis zur Gegenwart bekannt machten. Gerade in seinem Fall darf man die Vermittlungsinstanz Schule nicht unterschätzen. Er besuchte zunächst die ›Deutsche Knabenschule am Fleischmarkt‹ (1889–1893), dann das ›Humanistische Staatsgymnasium mit deutscher Unterrichtssprache in Prag-Altstadt‹ im Kinsky-Palais (1893–1901) und anschließend die deutsche ›Ferdinand-Karls-Universität‹ in Prag (1901–1906), wo er nach erheblichem Schwanken, ob er Chemie, Germanistik oder Kunstgeschichte studieren sollte, dem Druck des Vaters, der auf ›Brotstudium‹ bestand, nachgab und Jura studierte. Die Schule war für Kafka keineswegs nur Marteranstalt und Stätte sinnlosen Paukens, obwohl er für den Mathematikunterricht seine traumatischen Prüfungsängste belegt. Die Schule war auch ein Bereich, der über die begrenzten Horizonte des Elternhauses hinausführte, wobei außer dem Unterricht in den klassischen Sprachen und im Deutschen besonders der Geographieunterricht zum Reisen mit dem Finger auf der Landkarte einlud. Reisebeschreibungen gehörten zu Kafkas Lieblingslektüre, wie er auch die Lebenserinnerungen, Briefe und Tagebücher bedeutender Menschen ihren Werken vorzog. Er brauchte Muster für seine Selbsterkenntnis und Lebensprobleme. Hinzu kamen während des Studiums wichtige Anregungen und Kontakte. Kafka gehörte einer studentischen Lese- und Redehalle an, las dort regelmäßig in der umfangreichen Bibliothek literarische Zeitschriften und Neuerscheinungen und besuchte Veranstaltungen und Vorträge. 1902 begegnete er seinem späteren engsten Freund, Max Brod, mit dem er über Nietzsche diskutierte. Ein gemeinsamer Freundeskreis traf sich im Café Arco. Im Louvre-Zirkel lernte Kafka die deskriptive Psychologie kennen. Im Haus Fanta vertiefte er seine Kenntnisse des Philosophen Kant.
Auf diese Weise gelang es ihm auch, vielleicht zunächst gar nicht einmal sehr bewußt, einen Bereich für sich zu erschließen, der dem väterlichen Machtwillen nicht unmittelbar untertan, wenn auch von ihm umstellt war: das Schreiben und die Literatur.
Sehr spät, in einer Betrachtung der Aphorismen-Reihe ›ER‹

Max Brod, der Freund Franz Kafkas und Betreuer seines schriftstellerischen Nachlasses (Wa 54).

(1920), hat Kafka sich an den entscheidenden Wendepunkt seiner inneren Existenz, die Entscheidung zum Schreiben, erinnert. Er saß damals in noch jugendlichen Jahren auf der Lehne des Laurenziberges, einem beliebten Ausflugsziel
5 der Prager, besonders auch für Beladene, die vor der herrlichen Kulisse der Stadt ihr Herz ausschütten wollten:

»Ich prüfte die Wünsche, die ich für das Leben hatte. Als wichtigster oder als reizvollster ergab sich der Wunsch, eine Ansicht des Lebens zu gewinnen (und – das war allerdings
10 notwendig verbunden – schriftlich die anderen von ihr überzeugen zu können), in der das Leben zwar sein natürliches schweres Fallen und Steigen bewahre, aber gleichzeitig mit nicht minderer Deutlichkeit als ein Nichts, als ein Traum, als ein Schweben erkannt werde« (B 217f.).

15 Eine Ansicht des Lebens, das ist doch wohl Wirklichkeitserkundung und Selbstfindung in einem. Aber nicht in dem eigentlichen Auf und Ab der Lebensrealität, sondern nachvollzogen im Schreiben, das seine – traumhafte – Wirklichkeit behauptet. Denn wie ein Kindertraum von der Welt
20 führt das Schreiben aus den Engpässen des Lebens, als Ausweg aus dem Alltag, als Freibrief für eine darüberschwebende Existenz, als relatives Unabhängigsein. So be-

freit das Schreiben von den Verpflichtungen, es schafft auch einen Gewinn an Selbst, weil es eine Form der Selbstbehauptung ist gegenüber den Ansprüchen von Familie, Beruf und Alltagswirklichkeit. Schreiben hebt – so geht das Wunschbild – aus der Welt der Zwänge heraus. So wie die ernsthafte Lektüre tiefwirkender Bücher fast gewaltmäßig den inneren Zustand der Erstarrung und Verkrustung in eine Erleuchtung umwandelt (»ein Buch muß die Axt sein für das gefrorene Meer in uns«, Br 28), erlebt Kafka beim Schreiben ein Hochgefühl, einerseits im Bewußtsein, ein »Wort ganz mit sich erfüllt zu haben« (T 27), eine Bestätigung seiner Suche nach Selbstverständigung, andererseits erfährt er den Zustand künstlerischer Euphorie, etwa wenn er notiert: »Wenn ich wahllos einen Satz hinschreibe, zum Beispiel: ›Er schaute aus dem Fenster‹, so ist er schon vollkommen« (T 33). Anders als im Leben, das ihm so permanent seine Untüchtigkeit einhämmerte, erlebte Kafka, trotz der dauernden Hemmungen, Verzweiflungen und Vergeblichkeiten, beim Schreiben auch Glücksmomente, die seinen besessenen Wunsch, sich völlig der Literatur und der schreibenden Selbsterforschung (»Darstellung meines traumhaften innern Lebens«, T 306) zu widmen, als Existenznotwendigkeit begreiflich machen.

II. Phasen des Werks

1. Das Frühwerk (1904–1912)

Die Einteilung von Kafkas Werk in eine Frühphase (bis 1912), die Reifezeit (1912–1917/20) und eine Spätphase
5 (1921–1924) deckt sich mit wichtigen Zäsuren im Leben des Dichters, besonders die Jahre 1912 (Kennenlernen von Felice Bauer, Heiratspläne) und 1917 (Ausbruch der Krankheit) können als wichtige Lebenswendepunkte gelten, die auch für die Werkphasen von Bedeutung sind.
10 Die Werke der Frühphase, sieht man von den vernichteten »Kindersachen« ab, die Kafka für »wertlos« (Br 18) und »Schwulst« (FK 58) hielt, umfassen die Novelle ›Beschreibung eines Kampfes‹ (1904/05), das Romanfragment ›Hochzeitsvorbereitungen auf dem Lande‹ (1906/07),
15 einige in Briefen mitgeteilte Gedichte, das 1909 einsetzende Tagebuch (frühere haben sich nicht erhalten) und die achtzehn im Band ›Betrachtung‹ (1913) zusammengefaßten kleinen Prosaskizzen sowie einige verstreut publizierten Stücke, Besprechungen und auch berufliche Schrif-
20 ten. Auffallend an diesen Jugendwerken ist die Kontinuität der künstlerischen Entwicklung, die schnell einsetzende sprachliche und stilistische Sicherheit und Präzision und die thematische Konstanz. Die Beschreibung oder gar schwärmerische Verklärung der Natur fehlt bei Kafka weitge-
25 hend. Wenn Natur vorkommt, dann dient dies der Erhellung seiner Hauptthematik: der Stellung des Ich zur Welt, zur Gesellschaft und zu sich selber.

›Beschreibung eines Kampfes‹
Die ›Beschreibung eines Kampfes‹, die Kafka einer Bear-
30 beitung unterzog (1909/10) ist ein verwirrendes Werk.
Die vergleichsweise realistische Rahmenhandlung beginnt novellenhaft mit der Schilderung eines Aufbruchs aus einer Abendgesellschaft (Kostümball). Ein Spaziergang durch das nächtliche Prag führt auf den Laurenziberg, den ›Ent-

scheidungsort‹ von Kafkas innerer Existenz. Dort spitzt sich das spannungsgeladene Verhältnis zwischen dem Ich-Erzähler und seinem Begleiter, diesem bei den Frauen erfolgreichen Bekannten, plötzlich zu, weil der Ich-Erzähler durch die Mitteilung einer offensichtlich nur erfundenen bevorstehenden Verlobung diesen Bekannten derart unter Druck setzt, daß er sich mit dem Messer eine Armwunde zufügt, ein deutliches Selbstmordmotiv.

Die Rahmenhandlung zeigt einen gewissen Novellencharakter, der Aufbau des inneren Teils erinnert an die Gliederung eines Schulaufsatzes. Sie verklammert die ineinandergeschachtelten Innenteile, die unter der Hauptüberschrift stehen: »Belustigungen oder Beweis dessen, daß es unmöglich ist zu leben«. Gerade dieser Teil präsentiert eine durch vielfache Variation, Unterbrechung und wiederholte Spiegelung eigenartig zusammenhanglose, phantastisch ineinanderfließende Welt. So steht das Spielerische neben dem Bemühten, das Glaubwürdige neben dem Unwahrscheinlichen, umständlich Erzähltes neben Augenblickseinfällen, stehen exakte Beschreibungen neben reflektierenden Gesprächen und halluzinatorischen Phantasien.

Das unerklärte Geschehen folgt keiner erzählerisch vermittelten Logik, etwa im Sinne psychologisch aufbereiteter Wahrscheinlichkeiten. Die Tatsache, daß der Ich-Erzähler seinen Bekannten zur Verzweiflung bringen kann, findet vielfache Entsprechungen im übrigen Teil der Novelle, wo ununterbrochen ein stark verunsichertes Weltgefühl beschrieben und erörtert wird (»Seekrankheit auf festem Lande«, E 217), wo die »Rache der Dinge« (E 214) den bedrängten Menschen zusetzt, die Leben als krisenhaftes Dasein erfahren, weil der eigene Körper auseinanderzufallen droht. Auflösungserscheinungen verweisen insgesamt auf die Unsicherheit der Existenz. Und die Schwierigkeiten einer Wahrheitsfindung (»Wahrheit« wird als »zu anstrengend« vermieden, E 220) bestimmen auch den historisch-gesellschaftlichen Bereich, wo »eigentlich unbrauchbare Kriegsmaschinen, Türme, Mauern, Vorhänge aus Seide« (E 227) produziert werden, aber überall der Tod regiert, dessen Allmacht hartnäckig geleugnet wird.

Aufgrund der spiegelnden Variation wird die ›Beschreibung eines Kampfes‹ oft als Projektion innerer Konflikte, als Darstellung einer Ich-Spaltung (Ich-Erzähler – Bekannter) und phantastische Inszenierung eines seelischen Zweikampfes zwischen lebensferner Welthaltung und vitaler Anpassung an die Realität in ein und derselben Person gedeutet.

›Hochzeitsvorbereitungen auf dem Lande‹

Das phantastisch Übertriebene der ›Beschreibung‹ weicht in den ›Hochzeitsvorbereitungen auf dem Lande‹ einer wirklichkeitsnäheren Darstellung und Thematik. Gegenstand dieses Romanversuchs (in drei Fassungen) ist die Reise Eduard Rabans aus der Stadt zu einem ältlichen Mädchen in der Provinz. Die bevorstehende Heirat empfindet er als Zwang; Liebesgefühle tauchen bei ihm nicht auf, vielmehr macht sich eine deutliche Unlust und auch Ängstlichkeit geltend. Raban wäre zudem viel lieber bei einer Dirne in der Stadt geblieben, wo das Sexuelle keine Gefühlsbeteiligung verlangt hätte. Menschliche Beziehungen erscheinen Raban als lästige Verpflichtungen, denen er sich lieber entziehen möchte. Seine Unlust wird auch durch die Arbeit im Amt verstärkt, denn trotz Überanstrengung stellt er resigniert fest, keinerlei Ansprüche stellen zu können, »von allen mit Liebe behandelt zu werden, vielmehr ist man allein, gänzlich fremd und nur Gegenstand der Neugierde« (E 234). Äußerlich angepaßt und dem streßvollen Dienst und unbefriedigenden Alltag unterworfen, empfindet Raban in allen Lebensbereichen eine gesteigerte Entfremdung und Selbstentfremdung, die auch seine Unlust gegenüber den Verpflichtungen der Ehe verständlich machen, weil Raban selber zur partnerschaftlichen Liebe unfähig scheint trotz seines Verlangens nach liebevoller Behandlung durch seine Mitmenschen.

In dieser Situation verfällt Raban auf alte Wunschträume. Er erinnert sich an seine Kindheit, wie er, im Bett liegend, in der Gestalt eines großen Käfers, die wohlige Geborgenheit auskosten konnte, indem er seinen angekleideten Körper die gefährlichen Geschäfte in der von Alltagsroutine

Franz Kafka um 1906/ 1908 (Wa 55).

und Zwängen beherrschten Menschenwelt erledigen ließ. Ein Kindertraum, eine Herr-Knecht-Phantasie, eine märchenhaft anmutende Bewältigung des Ungewohnten, Unliebsamen und Überfordernden. Zugleich eine Aussteigerphantasie. Das erwünschte Tierdasein befreit von dem versklavenden Streß der Menschenexistenz. Diese ›Verwandlung‹ ist ein früher Hinweis auf Kafkas spätere Erzählung, die alptraumhaftere ›Verwandlung‹ (1912).
In den ›Hochzeitsvorbereitungen auf dem Lande‹ hat Kafka erzählerisch schon eine zentrale Mittelpunktsfigur geschaffen, aus deren Blickwinkel alles gesehen, erlebt und reflektiert wird. Diese personale Erzählsituation verabschiedet den überlegenen Erzähler, der dem Leser in wohlmeinenden Kommentaren und Belehrungen die Gestalten und ihre Verhältnisse vorführt. Statt dessen geht die Erzählweise dahin, mit den Augen der Hauptgestalt zu erleben. So nimmt Raban die Welt um sich herum wie im Kino auf, ohne daß ihm ein besonderer Sinn aufginge, der verschieden wäre von seinen Entfremdungserfahrungen in Liebe, Beruf und Alltag.
Kafkas isolierender Blick, der die Erscheinungen für sich nimmt und einer genauen Prüfung bis ins Detail hinein unterwirft, geht nicht von der abstrakten Vorstellung aus,

wie denn abstraktes Denken Kafka fremd geblieben ist. Er setzt sich mit den bildhaft sich aufdrängenden Situationen und Gegenständen auf eine intuitive Weise auseinander, befragt sie auf ihre Beziehung zu seinem Lebensganzen und unterzieht sie dann dem Prozeß einer verallgemeinernden Reflexion.

›Betrachtung‹

›Betrachtung‹ enthält achtzehn solcher Prosaverdichtungen, von denen einige parabelhafte Überlegungen darstellen wie etwa das berühmte Stück ›Die Bäume‹ (E 19), das mit anderen Stücken aus der ›Beschreibung eines Kampfes‹ stammt, aus der wie aus einem Steinbruch Teile herausgelöst wurden. Manche dieser Texte erschienen dann in Zeitungen und Zeitschriften, was Kafkas Freund und Förderer Max Brod zu öffentlichen Lobpreisungen des überragenden Schriftstellers Franz Kafka hinriß, als kaum erst eine Zeile im Druck vorlag.

Der Text ›Die Bäume‹ erhebt den Anspruch einer begründeten Aussage zur menschlichen Existenz (»Denn wir sind wie Baumstämme im Schnee«), wobei die Gleichnisrede offensichtlich ist. Aber typisch für Kafkas Parabeltexte, fehlt hier die übliche Lehre nach einer vorangestellten Erzählung, und das Gleichnis durchläuft eine zirkelhafte Umkreisung des Anscheins (Wahrnehmung), des Scheinbaren (Schlußfolgerung) und des nicht genau feststellbaren Seins (unzugängliche Wahrheit).

Andere Stücke erhellen den zwischenmenschlichen Bereich, Konflikte, Einsamkeiten, Abweisungen im Erotischen, gespensterhafte Visionen, verfremdete Alltagsrealität, die Befreiung vom Eingesperrtsein im Familiären, die Junggesellenproblematik und die Existenzsorgen eines Kaufmanns, der sich geschäftlich ausgeliefert (»Mein Geld haben fremde Leute; ihre Verhältnisse können mir nicht deutlich sein«) und als Mensch dem Übergriff feindlicher Mächte ausgesetzt fühlt (»Verfolgt nur den unscheinbaren Mann«, E 13f.).

Mit diesem Buch gelang Kafka, dem man gleich die Nähe zur Betrachtungsprosa Robert Walsers (1878–1956) nachsagte, ein literarischer Achtungserfolg. Kurt Tucholsky (1890–1935) sprach von »tief und mit den feinfühligsten Fingern gemacht«, während Robert Musil (1880–1942) sich über diese »Seifenblasen« mokierte, ihnen aber doch eine »gewissenhafte Melancholie« zugestand. Nicht nur bei seinen Prager Freunden galt Kafka von nun an als Schriftsteller.

2. Die Lebenswende (1910–1912)

Beruf und Berufung

Das Jahr 1912 stellt einen ersten entscheidenden Wendepunkt in Kafkas Leben und Schreiben dar. Er wird vor die Möglichkeit der Ehe gestellt und durchlebt eine konfliktreiche Umorientierung, die eine literarische Produktivität von ganz neuer Qualität zeitigt.

Das Suchen der Frühphase, die schon entwickelten Ansätze im Hinblick auf Thematik und Schreibweise erfahren jetzt eine deutliche Konsolidierung. Es ist nun die Konzentration auf die Familiensituation und die Einführung der Vaterfigur, die sichtbare Erscheinungsweise des Autoritätsprinzips, die Kafkas Werke von 1912 an ihr besonderes Gepräge geben.

Vor allem aber ist es, im Privaten, das Kennenlernen der Berlinerin Felice Bauer, die Möglichkeit einer Heirat in Kafkas Lebensplänen, was die neue Dynamik des Lebens und Schreibens hervorruft.

Kafka hat nach Schule (1889–1901) und Studium (1901–1906) mit dem mäßigen Abschluß und einem einjährigen Rechtspraktikum verschiedene Pläne verfolgt, wie andere Verwandte von ihm im Ausland, etwa in Amerika oder Spanien (Madrider Onkel Alfred Löwy), zu Ansehen und Erfolg zu kommen. Diese Wunschträume, »selbst auf den Sesseln sehr entfernter Länder einmal zu sitzen, aus den Bureaufenstern Zuckerrohrfelder oder mohammedanische Friedhöfe zu sehn« (Br 49), müssen aufgegeben werden zugunsten der sozialen Sicherheit einer gewöhnlichen Beamtenlaufbahn in Prag. So tritt Kafka zunächst als Aus-

hilfskraft in die Filiale der Versicherungsgesellschaft ›Assicurazioni Generali‹ am Wenzelsplatz ein (1907–1908), verläßt aber wegen des schlechten Arbeitsklimas und ständiger Überbeanspruchung, die ihm zeitlich und kräftemäßig
5 wenig Gelegenheit zum Schreiben lassen, diese Firma. Er findet mit Hilfe freundlich gesinnter Gönner eine günstigere Stelle in der halbstaatlichen ›Arbeiter-Unfall-Versicherungs-Anstalt für das Königreich Böhmen in Prag‹ (1908–1922), wo er im Laufe der Jahre bis zu seiner vorzei-
10 tigen Pensionierung zum Ende hin als einziger Jude (»Paradejude«, J 233) nur noch unter Tschechen arbeitet, die seit Kriegsende 1918 die deutschen Mitarbeiter, besonders das Führungspersonal verdrängen. Vom Aushilfsbeamten zum Abteilungsleiter und Anstaltsobersekretär – Kafkas Kar-
15 riere ist respektabel, wie er denn auch unter den Kollegen und von seinen Vorgesetzten, den Deutschen und später den Tschechen, als zuvorkommender, umgänglicher Mitarbeiter von unermüdlichem Fleiß, hervorragender Begabung (besonders im Konzipieren) und großem Pflichtbe-
20 wußtsein geschätzt wird. Die sehr günstige Arbeitszeit (8–14 Uhr) gibt Kafka auch reichlich Zeit für sein Schreiben (abends und nachts, nach einem nachmittäglichen Schlaf, nach Essen und regelmäßigen Spaziergängen).
Da Kafka sehr bald der Abteilung für Unfallverhütung
25 zugeteilt wird, kommt er ständig in Kontakt mit Unfallgeschädigten. Ihre Verstümmelungen machen ihn sehr betroffen, und Max Brod überliefert den bezeichnenden Ausspruch Kafkas: »Wie bescheiden diese Menschen sind [...] Sie kommen zu uns bitten. Statt die Anstalt zu stürmen und
30 alles kurz und klein zu schlagen, kommen sie bitten« (FK 76). Erregen solche Erlebnisse Kafkas soziales Gefühl und sein Mitleid mit den noch nicht revolutionierten Ausgebeuteten, so vermitteln ausgedehnte Inspektionsreisen einen direkten Einblick in die Betriebe und Produktions-
35 stätten. Die dort beobachtete Wirklichkeit der kapitalistischen Arbeitsweise ist Kafkas bürgerlichem Lebenskreis in der Prager Altstadt entgegengesetzt, auch wenn die entmenschlichende Wirkung der Fabrikarbeit gewisse Entsprechungen mit den skandalösen Arbeitsbedingungen im

elterlichen Geschäft aufweist. Die tyrannisierende Behandlung des Personals durch Kafkas Vater führt im Oktober 1911 zur Kündigung aller Angestellten, die nur durch gutes Zureden zurückgewonnen werden, während einige Schlüsselfiguren auch durch Kafkas eigene Bittgänge nicht umgestimmt werden können (T 75f.).

Kafka verbindet in seinem Beruf Gewissenhaftigkeit und menschliches Engagement. So macht er auch ganz konkrete Vorschläge zur Verbesserung der Schutzvorrichtungen an Holzbearbeitungsmaschinen. Der Vorstellungsbereich körperlicher Verletzung und Verstümmelung wirkt besonders auf die Geschichte ›In der Strafkolonie‹ (1914) ein, wo peinlich genau die mörderische Tätigkeit einer komplizierten Hinrichtungsmaschine beschrieben wird.

Kafkas berufliche Arbeit, vor allem das Ansehen in der Anstalt, besonders auch bei den Vorgesetzten, geben ihm zwar das Gefühl einer gewissen Genugtuung in seiner Verwaltungslaufbahn. Aber alle diese positiven Auswirkungen werden weitgehend dadurch aufgehoben, daß seine Neigung zum Schreiben in diesen Jahren immer mehr Ausschließlichkeitscharakter annimmt. Der Gegensatz von Beruf und Berufung, von Büroarbeit und literarischer Tätigkeit, von geregeltem Funktionieren und freier, inspirationsabhängiger Kreativität spitzt sich seit den ernsthafteren Schreibversuchen und den ersten Veröffentlichungen immer mehr zu. Schließlich führt sein hartnäckig erkämpftes »schreckliches Doppelleben«, für das er »nur den Irrsinn als Ausweg« (T 33) sieht, zu einem ersten vollständigen körperlichen Zusammenbruch.

Kafka erkennt, daß bei seiner von Inspirationsschüben abhängigen Weise des Schaffens Schreiben und Büro einander ausschließen (F 412). Den zu Vorträgen in Prag weilenden Anthroposophen Rudolf Steiner (1861–1925) geht er sogar um Rat in dieser Konfliktlage an: »Im Bureau genüge ich äußerlich meinen Pflichten, meinen inneren Pflichten aber nicht, und jede nicht erfüllte innere Pflicht wird zu einem Unglück, das sich aus mir nicht mehr rührt« (T 44f.).

Kafkas Hang zur Literatur, zur Selbsterforschung und

Selbstdarstellung erhält weitere Nahrung aus dem steten Wachsen seines Gesichtskreises und geistigen Horizonts. Zu den Gebieten, die Kafka bis 1912 in erheblicher Weise zu einer inneren Umorientierung führen, gehören, außer
5 den Sozialerfahrungen und dem Beruflichen: die Teilhaberschaft in einer Fabrik, die Beschäftigung mit Politik, das Interesse für die zionistische Bewegung, das Erlebnis des jiddischen Theaters und die verschiedenen Reisen (1909–1914) nach Oberitalien, Paris, Zürich, Leipzig, Wei-
10 mar (Goethehaus) und schließlich die ausgeprägte Bevorzugung bestimmter literarischer Vorbilder im Hinblick auf die eigene künstlerische Methode (Flaubert, Dickens), besonders aber auch in bezug auf die Analyse seiner Lebensproblematik, die er bei »Blutsverwandten« (Kleist, Grill-
15 parzer, Dostojewski, Flaubert) (F 460), aber auch bei Kierkegaard vorgebildet findet.
Gegenüber Kafkas außerordentlicher Selbstbezogenheit hat man immer wieder auch die Frage seines sozialen Gewissens erörtert, vor allem auch sein Interesse am Öffentli-
20 chen, am Politischen. Max Brod hat z. B. davon berichtet, daß Kafka mit einer ihm »unbegreiflichen Geduld« viele »Volksversammlungen« besucht habe (FK 287), um seinem Interesse für die tschechische Tagespolitik nachzugehen bis hin zur gewissenhaften Erfassung der Eigenarten politi-
25 scher Redner und Demagogen. Weniger erwiesen sind die oft behaupteten Besuche der Veranstaltungen tschechischer Anarchisten, aber daß Kafka in politischen Hauptfragen informiert war durch Kenntnisse aus erster Hand, durch Zeitungen, Bücher und auch Vorträge, darf als gesi-
30 chert gelten. So hat er politische Belange verfolgt, aber auch sozialkritische Ansichten sich angeeignet, wie er sich denn auch mit sozialistischen Vorstellungen abgegeben hat, etwa in seinem Entwurf einer »besitzlosen Arbeiterschaft« (H 93 f.). Diese kommunale Gesellschaftsutopie be-
35 legt Richtung und Ernsthaftigkeit von Kafkas sozialem Denken.
Sozialerfahrung und persönliches Erleben sind bei Kafka immer vereint. So hatte die von seinem Vater arrangierte Teilhaberschaft an den ›Ersten Prager Asbestwerken‹

(1911–1917), die den Sohn auf geschäftliche Interessen und Aktivitäten hin festlegen sollte, eine teilweise vernichtende Doppelwirkung: Kafka sieht sich von den an ihn gestellten Ansprüchen, die ihn zusätzlich zum Beruflichen belasten, zeitlich und energiemäßig überfordert. Seine bis zu Selbstmordabsichten gehenden Verzweiflungszustände steigern sich besonders im Herbst 1912, zur Zeit seiner Arbeit an der ›Verwandlung‹. Andererseits nimmt Kafka einmal mehr Einblick in eine ihn erschreckende Arbeitssituation, wie folgende Tagebuchstelle erkennen läßt:

»Gestern in der Fabrik. Die Mädchen in ihren an und für sich unerträglich schmutzigen und gelösten Kleidern, mit den wie beim Erwachen zerworfenen Frisuren, mit dem vom unaufhörlichen Lärm der Transmissionen und von der einzelnen, zwar automatischen, aber unberechenbar stokkenden Maschine festgehaltenen Gesichtsausdruck, sind nicht Menschen, man grüßt sie nicht, man entschuldigt sich nicht, wenn man sie stößt, ruft man sie zu einer kleinen Arbeit, so führen sie sie aus, kehren aber gleich zur Maschine zurück, mit einer Kopfbewegung zeigt man ihnen, wo sie eingreifen sollen, sie stehn in Unterröcken da, der kleinsten Macht sind sie ausgeliefert und haben nicht einmal genug ruhigen Verstand, um diese Macht mit Blicken und Verbeugungen anzuerkennen und sich geneigt zu machen« (T 181).

Auffallend an dieser Passage ist der distanzierte Blick, die sachliche Registrierung einer Arbeitssituation, die von der Maschine und der Macht der Besitzenden beherrscht wird. Kafkas Sehweise isoliert die Grundstrukturen einer offensichtlichen Entmenschlichung im Arbeitsprozeß, ohne mitleidiges Getue, ohne sentimentale Beschönigung oder gar gefühlige Sympathie. Aber er beläßt es nicht bei einer schwarzmalenden Sozialanklage, sondern ihm gelingt auch die Einsicht in das Unverbrauchte, die unaufzehrbare Kraft dieser Wesen, die vom Arbeitsprozeß so völlig erniedrigt und um ihre menschliche Substanz gebracht scheinen:

»Ist es aber sechs Uhr und rufen sie das einander zu, binden sie die Tücher vom Hals und von den Haaren los, stauben sie sich ab mit einer Bürste, die den Saal umwandert und von Ungeduldigen herangerufen wird, ziehn sie

die Röcke über die Köpfe und bekommen sie die Hände
rein, so gut es geht – so sind sie schließlich doch Frauen,
können trotz Blässe und schlechten Zähnen lächeln, schüt-
teln den erstarrten Körper, man kann sie nicht mehr sto-
ßen, anschauen oder übersehn, man drückt sich an die
schmierigen Kisten, um ihnen den Weg freizumachen, be-
hält den Hut in der Hand, wenn sie guten Abend sagen,
und weiß nicht, wie man es hinnehmen soll, wenn eine
unseren Winterrock bereithält, daß wir ihn anziehn«
(T 181).

Abgesehen davon, daß diese Passage in ihrer Gesamtheit
die unmenschliche Arbeitssituation, aber auch das Unver-
äußerliche dieser Arbeiterinnen, das Unverlierbare ihrer
menschlichen Natur, auch ihres Frauseins mit einer hoch-
gradig künstlerischen Beobachtungsgabe und literarischen
Sensibilität wiedergibt: Kafka stellt die Rückverwandlung
zum Menschlichen dar aus der Perspektive eines Außenste-
henden, der als Teilhaber, Mitbesitzer, Mitmächtiger sich
auf einmal in der Lage des Eingeschlossenen befindet. Ihm
wird in der kleinen konventionellen Geste des Respekts,
der Höflichkeit ein Stück Teilnahme an diesem Menschsein
angeboten.

Zionismus und Judentum
Gegenüber diesem Einblick in die Verhältnisse kapitalisti-
scher Produktionsweise und proletarischer Realität erschließt sich Kafka im beginnenden, auch in Prag rege sich
entwickelnden Zionismus die Vorstellung von der ethnischen, kulturellen, geschichtlichen Besonderheit des jüdischen Volkes, dem die Zionisten auch politisch durch An-
siedlung in Palästina ein Heimatland und damit Selbständigkeit und Erneuerung nach Jahrhunderten des Exils verschaffen wollten. Zu dieser Zeit, 1910, macht Kafka auch
die Bekanntschaft Martin Bubers (1878–1965), dem er
freundschaftlich verbunden bleibt, obwohl er Bubers Persönlichkeit und Anschauungen hinsichtlich des Judentums
nicht unkritisch aufnimmt. Bezeichnenderweise hat Kafka
auch in der zionistischen Prager jüdischen Wochenschrift
›Selbstwehr‹ Erzählungen veröffentlicht (›Vor dem Ge-

setz‹, 1915; ›Eine kaiserliche Botschaft‹, 1919; ›Die Sorge des Hausvaters‹, 1919 u. a.). Den zionistischen Wunschtraum, sich in Palästina niederzulassen, hat er allerdings trotz verschiedener Pläne und späterer Hebräischstudien nicht verwirklicht.

Steht Kafka dem Zionismus einerseits nahe, aber auch als Opponent gegenüber, so hat das Erlebnis des jiddischen Theaters 1910/11 die Bedeutung einer Konfrontierung mit seinen jüdischen Wurzeln. Die Gastspiele zweier Lemberger Truppen im Café-Restaurant Savoy machen Kafka mit der ihm bis dahin völlig unbekannten ostjüdischen Kultur vertraut. Durch den Leiter und Schauspieler Jizchak Löwy, der als Sohn eines Rabbiners der Talmudschule entlaufen war, um seiner Theaterleidenschaft zu frönen, erhält Kafka weitere tiefgehende Einblicke in die Lebensweise und Geisteswelt der jüdischen Tradition, die vorwiegend unberührt war von den Assimilationserscheinungen des Westjudentums. Kafka ist ohnehin für schauspielerische Darstellung und dramatische Präsentation sehr empfänglich. Er liebt über die Maßen die Verkörperlichung menschlicher Beziehungen, das gestische Ausführen der Konflikte. So erlebt er dieses in Prag fast durchweg verachtete Volkstum, das nach Lebensform und Bildungsniveau für die assimilierten Juden auch wegen der als ›Jargon‹ abgewerteten Sprache unannehmbar war, als ein Vorbild authentischen Gemeinschaftslebens. Zunehmend richtet er seine eigene jüdische Selbstfindung auf dieses idealisierte Ostjudentum hin aus.

Im Tagebuch nennt Kafka die jiddischen Schauspieler immer »die Juden«, was zumindest in der Sprache eine gewisse Schranke gegenüber der völligen Identifikation bewußtmacht. Kafka gelangt dabei allmählich zu der Einsicht, wie weit er vom jüdischen Ritus, von Religion und Tradition entfernt ist. So überdenkt er auch sein Verhältnis zur deutschen Sprache, deren Charakter als ›Fremdsprache‹ ihm deutlich wird, sobald er die Bezeichnung »Mutter« gegen die Wirklichkeit der jüdischen Mutter hält und das deutsche Wort für zu kalt, für zu ungenügend als Ausdruck innerster seelischer Belange empfindet (T 86). Kafka stellt fest, daß die im ehemaligen Ghetto noch vorhande-

*Der jiddische Schauspieler
Jizchak Löwy (Wa 140).*

nen echten jüdischen Familienbeziehungen in der Assimilation verlorengegangen seien. Notwendigerweise gerät Kafka, der seinem Vater später ein völlig verflachtes Judentum vorwirft (Feiertagsjude, d. h. zur Pflichtübung erstarrte Religiosität an den vier Hauptfeiertagen des Jahres), hier in einen weiteren Gegensatz zur Mentalität seiner Familie.
Kafkas so tiefgreifende Hinwendung zum Ostjudentum als Wegweiser zu einer geistigen Heimat ist ein Ausbruchsversuch, der besonders auch deshalb zu scharfen Konflikten mit dem Vater führt, weil Hermann Kafka diese Kontakte seines Sohnes schneidend scharf mißbilligt. Jizchak Löwy bezeichnet er kurzerhand als »Ungeziefer«, was Kafka tief verletzt. Aber er läßt sich von der Verachtung seines Vaters nicht davon abhalten, sich sehr für Löwy einzusetzen, u. a. durch umsichtige, aufopfernde Hilfe bei der Organisation von Vortragsabenden. Für einen solchen Rezitationsabend hat Kafka auch seine bemerkenswert anerkennende, den Wert des Jiddischen schätzende Rede verfaßt (H 306–309). Offensichtlich bestärkt von dem erfolgreichen Rebellen Löwy, der sich gegen seinen Vater hatte durchsetzen können, gerät Kafka 1911 mehrfach in heftigen Streit mit seinem Vater, sich bis zum grenzenlosen Haß

steigernd. Aber zu einem Bruch kommt es nicht. Vielmehr vertieft sich Kafkas Beschäftigung mit dem eigenen Inneren; Löwys Erzählung seiner Lebensgeschichte fördert in seinem begierigen Zuhörer das »Verlangen, eine Selbstbiographie zu schreiben« (T 143). Dies ist ein weiterer Baustein zu Kafkas erzählerischer Auseinandersetzung mit der eigenen Lebensproblematik.

Literarische Vorbilder
Diese Zeit der Lebenswende bringt weitere Anregungen, die Kafka in seiner Selbstfindung außerhalb der in seiner Familie geltenden Normen unterstützen. Die intensive Lektüre seit der Studienzeit, bei der die Lebenszeugnisse, Tagebücher, Briefe und Erinnerungen seiner Lieblingsautoren den Vorrang haben, führt 1911 bei der Neubeschäftigung mit Heinrich von Kleist (1777–1811) zur Konfrontierung mit den Schwierigkeiten dieses Autors mit seiner Familie. So wird Kafka nachdrücklich auf seine eigene prekäre Situation in der Familie verwiesen, wobei sich sein Rechtsempfinden und der Wille zum unerbittlich geführten Kampf um Selbstbehauptung an seiner Lieblingsnovelle, dem ›Michael Kohlhaas‹, bestärkt finden kann. Der zusammen mit Max Brod seit Jahren im französischen Original gelesene und studierte Flaubert schärft mit seiner rigorosen ästhetischen Position Kafkas künstlerische Kompromißlosigkeit. Nun mißt er zunehmend die Werke anderer an Maßstäben der Konsequenz und inneren Notwendigkeit, auch wenn er bei der Aufnahme des Gelesenen die Bedeutung fast ausschließlich auf seine eigene Lebensproblematik bezieht.
Im Falle der Lektüre von Charles Dickens' (1812–1870) ›David Copperfield‹ (1850) wird Kafka dazu angeregt, das alte Projekt seines ›Amerika‹-Romans in Angriff zu nehmen, und 1911/12 entsteht eine erste Fassung des ›Verschollenen‹ (etwa 200 Seiten, nicht erhalten). Das kann als Beleg gelten für diese neue Stufe des literarischen und schriftstellerischen Selbstbewußtseins, das auch in der Nachahmung von Flauberts Stilideal eine möglichst prunklose, Schnörkel, Putz und gefühligen Schwulst vermei-

dende – kurz: eine nüchterne und zwingende – Schreibweise zu verwirklichen sucht. Beschreibungsstudien, Traumaufzeichnungen, Betrachtungen und Erzählentwürfe verschiedenster Art machen dabei das Tagebuch zu einer Werkstatt des Schreibens. Es wird zugleich Schauplatz eines sich formierenden Künstlerbewußtseins und Kampfstätte der inneren Konflikte, die zunehmend zur sprachlichen Artikulation drängen.

So finden sich in dieser Zeit schon entscheidende Überlegungen zum Sinn des Schreibens als Selbstbeobachtung, erste anklagende Analysen des schädigenden Einflusses der eigenen Erziehung und der dafür Verantwortlichen (T 13 f.) und in dem Erzählversuch ›Die städtische Welt‹ (T 35 ff.) erstmals eine Darstellung des Vater-Sohn-Konflikts. Kafka führt seine frühe Tendenz, innere Probleme sprachlich zu objektivieren, in diesen fiktiven Probespielen fort. Die Zuspitzung im Verhältnis zum Vater als literarischer Gegenstand findet Anregungen in der familienbezogenen Thematik der jiddischen Stücke. Aber es läßt sich auch auf Kafkas Shakespeare-Erlebnis hinweisen. Schon 1910 in Berlin fasziniert ihn nämlich der ›Hamlet‹, dargeboten im emotionalen Stil des Schauspielers Albert Bassermann und der sprichwörtlichen Ausdruckskunst der Bühne des Regisseurs Max Reinhardt. Das Stück konfrontierte ihn auch, seelisch angegriffen und betroffen, wie er war, mit einer Vaterproblematik, die er in Sigmund Freuds ›Traumdeutung‹ (1900), ihm zu diesem Zeitpunkt wohl schon bekannt, auch auf ihre tiefenpsychologische Bedeutung hin erfassen konnte. Hamlets inneres Vaterbild (der Geist seines wirklichen, ermordeten Vaters) und der Kampf gegen den Vatermörder (Hamlets Onkel Claudius, den neuen König und Gemahl seiner Mutter) waren von Freud unter dem Gesichtspunkt des ödipalen Konflikts (Mutterbindung, Kampf des Sohnes mit dem Vater um die Mutter) analysiert worden.

Die Berlinerin Felice Bauer

Zentrale Gestalt in der eigentlichen Wende wird Felice Bauer, die Kafka im August 1912 im Elternhaus seines

Freundes Max Brod kennenlernt, als er gerade mit der Anordnung der Prosastücke seines Erstlings ›Betrachtung‹ beschäftigt ist. Eine Woche später hält Kafka den Eindruck dieser schicksalhaften Begegnung fest, indem er sein »unerschütterliches Urteil« über den ersten Anblick notiert: »Knochiges leeres Gesicht, das seine Leere offen trug« (T 208). Ausdruck einer liebevollen Zuneigung? Gefühlsäußerung gegenüber einer geliebten Person? Kafka bemerkt selbst, wie »entfremdet« er eine Frau darstellt, die ihm sogar wie ein »Dienstmädchen« erscheint. Die äußeren Reize werden von ihm mit unerbittlicher Schärfe und Distanz registriert: »Fast zerbrochene Nase, blondes, etwas steifes, reizloses Haar, starkes Kinn.« Unbeteiligt und ohne jegliche Gefühlsäußerung geben sich auch die beschreibenden Hinweise auf den eigentlichen Frauenkörper: »Freier Hals. Überworfene Bluse.« Vergleicht man diese sachliche Einschätzung mit Kafkas aufwallender leidenschaftlicher Liebe gegenüber der jiddischen Schauspielerin Frau Tschissik aus dem Vorjahr, so läßt sich auch für den Bereich des Erotischen und der Gefühle jene »Zweiteilung« (T 136) erkennen, die Kafka an sich in allem anderen auch feststellt.

*Franz Kafka,
etwa 27 Jahre alt (Wa 218).*

So verwundert es nicht, daß Felice Bauer vor allem als Objekt von Kafkas Heiratsplänen fungiert. Sie wird nicht zur Liebespartnerin, nicht zur Frau seines Liebesverlangens. In einem fünf Jahre währenden inneren Kampf ringt Kafka um Felice Bauer, die ihm dabei vor allem doch zu diesem einen Zweck dient: seine Zwangsvorstellung von der Ehe verwirklichen zu können, bis sich herausstellt, daß er dazu völlig ungeeignet ist und sie das falsche Objekt, denn ihrer tatsächlichen Befähigung zur Ehe kann Kafka nicht genügen wegen seines vollständig andersgearteten Wesens. Hinzu kommen Kafkas panische Angst vor der sexuellen Vereinigung und seine Unwilligkeit (wahrscheinlich auch seine Unfähigkeit), seine Lebensweise, die um diese Zeit schon ernsthaft zum Schriftstellerdasein tendiert, in einem für die Partnerin annehmbaren Kompromiß ihrer unterschiedlichen Interessen zu arrangieren. Während Kafka in linkischer, scheuer Weise um die ihm verführerisch erscheinende Frau Tschissik wirbt, wird er sich auch bewußt, daß seine Liebe »nur durch Literatur oder durch den Beischlaf« zu befriedigen sei (T 107). Bei Felice Bauer strebt er dann die Ehe als Konvention der Familie an, verlobt sich auch zweimal, aber seine Hauptmotivation ist auf das Schreiben gerichtet. Dem durch die Ehe sanktionierten Beischlaf entflieht Kafka in die Literatur.

In einer einsichtigen, ihrem Anspruch nach allerdings anmaßend anmutenden Weise hat Kafka gegen Ende der Beziehung zu Felice von sich behauptet: »ich kann nicht glauben, daß in irgendeinem Märchen um irgendeine Frau mehr und verzweifelter gekämpft worden ist als um Dich in mir« (F 730). Diese Feststellung enthält zugleich das Bekenntnis, daß diese Liebe einen Zweikampf in Kafkas Seele darstellte: »Daß zwei in mir kämpfen [...] Diese zwei, die in mir kämpfen, oder richtiger, aus deren Kampf ich bis auf einen kleinen gemarterten Rest bestehe, sind ein Guter und ein Böser« (F 755f.). In der für Kafka typischen Weise der Selbstanklage wird Felice Bauer als »Menschengericht« angerufen, ihn zu verurteilen und zu verdammen. Sie hat es vorgezogen, zwei Jahre später (1919) einen anderen Mann zu heiraten. Kafkas Schuldbekenntnis war für sie damit erledigt. Er selber mußte mit seiner Flucht vor ihr als Partnerin, der er nie die wirkliche Chance einer dauernden Partnerschaft und wechselseitigen Liebe hatte geben können, fertig werden. Bekanntlich ist dieses quälende Schuldgefühl Kafkas im Sommer 1914, nach der Auflösung der ersten Verlobung, ein wichtiger Motor seiner literarischen Auseinandersetzung mit dem Problem der Schuld in seinem Romanversuch ›Der Prozeß‹ gewesen.

Den Beginn von Kafkas längstem Werk, dem ›Liebesroman‹ in Briefen, versteht man seine Korrespondenz mit Felice Bauer unter diesem Gesichtspunkt der Literarisierung ihrer Beziehung, bildet ein Schreiben vom 20. September 1912, also wenige Tage vor der Abfassung des ›Urteils‹. Kafka versucht in dem Brief, Kontakt aufzunehmen. Allmählich wird die gezielte Heiratsstrategie deutlich. Nur widerwillig läßt sich Felice überhaupt auf diesen Briefwechsel ein. Es gibt auch genug Warnungen Kafkas, sich mit ihm abzugeben. Innerhalb kurzer Zeit jedoch steigert er sein Briefeschreiben und bestürmt sie mit täglichen Mitteilungen, Postkarten und anmahnenden Telegrammen, die dringlichst um Antworten bitten, oft sogar mehrmals am Tage. Es ist eine Inbesitznahme durch Worte. Dieser bald mit »Liebste« Angeredeten, aber eigentlich »durch Briefe Irregeführten« (F 343) erweist Kafka, vom Standpunkt üblicher Liebesverhältnisse aus gesehen, einen grausamen Minnedienst, den er ihr auch eingesteht: nämlich das Bekenntnis, daß er sie »nicht eigentlich liebe«, sondern »eigentlich anbete« (F 368).

›Anbetung‹ der Geliebten gehört zwar zu dieser Zeit in den üblichen Wortschatz, in die normale Handlungsweise, auch wenn es nur eine konventionelle Formel männlicher Verehrung für die Frau war, die nichtsdestoweniger eine dem Manne völlig untergeordnete Stellung innehatte, was ihre soziale Geltung anbetraf. Bei Kafka ist die ›Anbetung‹ auch ein Eingeständnis seiner eigentlichen Liebesunfähigkeit. Den körperlichen Kontakt sah Kafka ganz unter dem Aspekt der Schuld und der Strafe: »Der Coitus als Bestrafung des Glückes des Beisammenseins« (T 231).

Diese Angst vor dem Körperlichen trägt dazu bei, daß

Kafka, statt auf ein baldiges Wiedersehen mit Felice zu drängen, dies bis zum März 1913 hinauszögert. Während er sich in seinen Briefen in eine intensive Liebe hineinsteigert, vermeidet er wohlweislich die Begegnung mit der wirklichen Adressatin. So sind seine Briefe einerseits Brücke zu einem geliebten, d. h. angebeteten Partner, andererseits ein Bollwerk der Abwehr und somit ein Hindernis, die räumliche Distanz aufheben zu wollen. Und zugleich zögert Kafka wichtige Entscheidungen hinaus. Aber er zieht aus der Korrespondenz Anregung und Energie für sein Schreiben. Das Erotische erscheint umgesetzt in Schreiblust. Das wird auch bis in die kleinsten Einzelheiten immer wieder erwähnt. Felices Briefe und vor allem die von ihr erbettelten Fotografien dienen Kafka dazu, die Geliebte in sein Wunschbild umzuwandeln. Das angeblich leere Gesicht Felices füllt er mit seinen Wunschprojektionen auf. 1913 und 1914 macht er dann Heiratsangebote, in beiden Fällen mit detailliertesten Ausführungen, warum eine Ehe mit ihm nicht wünschenswert sei. Kafka kann sich zwar bis zum Angebot durchringen, aber in seiner eigentlichen Entscheidungslosigkeit versucht er kunstvoll und umständlich, Felice zum Entschluß zu zwingen, wobei das eindringliche Abraten zugleich dem geheimen Wunsch entspricht, sich die Eheunfähigkeit und die angestrebte Schreibexistenz von außen, von der Geliebten, bestätigen zu lassen.
Die in jedem Sinne lebenstüchtige und von Kafkas beständigem Werben sicherlich nicht unbeeindruckte Felice geht auf Kafkas Angebot ein, auch wenn sie Vorbehalte äußert. Die erste Verlobung, vom Mai 1914, wird schon sechs Wochen später wieder aufgelöst, vor allem weil Grete Bloch, eine Freundin Felices, die an sie gerichteten kompromittierenden Briefe Kafkas vorlegt, so daß Felice auf die Entlobung drängen muß. Unschwer kann man hier Kafkas Hintertreibung seiner Heiratspläne erkennen. Die Angst vor der endgültigen Bindung brachte ihn dazu, die Beziehung zur Verlobten in Frage zu stellen. Nach einer längeren Pause kommt es aber etwa ein halbes Jahr später zu erneuter Kontaktaufnahme mit Felice. Die gegenseitige Wiederannäherung führt 1917 zu einer zweiten Verlobung

mit der festen Absicht, nach Kriegsende zu heiraten. Aber
der Ausbruch von Kafkas Krankheit im Juli 1917 führt
dann zur zweiten, endgültigen Entlobung im Dezember des
Jahres. Damit war Kafkas Versuch, das Muster der bürgerlichen Ehe für sich zu verwirklichen, zunächst gescheitert
und aufgegeben.
Als Heiratsobjekt wurde Felice sehr bald in Kafkas innere
Kampfarena eingeweiht. Ihr gegenüber hat er immer wieder
behauptet, er bestehe eigentlich aus Literatur und könne
»nichts anderes« (F 444) sein. Sein Schreiben sah er im
höchsten Maße gefährdet durch die Ehe. Diese Ängste
durchziehen die Tagebuchnotizen dieser Zeit. Und Kafka
stellt Felice auch die Aussichtslosigkeit einer Ehe mit ihm
dar, indem er ihr deutlich die Unabänderlichkeit seiner dem
Schreiben gewidmeten Lebensweise vor Augen führt:

»Was sagst Du aber, liebste Felice, zu einem Eheleben,
wo, zumindest während einiger Monate im Jahr, der Mann
um ⅓ aus dem Bureau kommt, ißt, sich niederlegt, bis 7
oder 8 schläft, rasch etwas ißt, eine Stunde spazieren geht,
dann zu schreiben anfängt und bis 1 oder 2 Uhr schreibt.
Könntest Du denn das ertragen? Vom Mann nichts zu
wissen, als daß er in seinem Zimmer sitzt und schreibt?«
(F 407f.)

Es erübrigt sich die Feststellung, daß bei diesem völlig
unabänderlich geregelten Lebenswandel für die Partnerin
überhaupt nur der Platz eines stummen Schattens, einer
Haushälterin, eines Dienstmädchens bleiben konnte.
Wenn sich Felice aber, von der Aussicht auf gelegentlichen
Kontakt mit einem »Halbtoten« unbefriedigt und aus Einsicht in die gänzliche Unmöglichkeit einer dauerhaften Beziehung entschlossen abwendet, dann liegt Kafka vor ihr
»auf dem Boden«, wird »toll« (F 365). Dann fleht er um
Sinnesänderung und Erhörtwerden, weil »alles andere« ihrer beider »Untergang« sei (F 459). Noch im Betteln ist
Kafka erpresserisch, und es gelingt ihm, Felice zweimal
sich gefügig zu machen, sie in die Verlobung zu drängen.
Kafkas durchgehende Unentschiedenheit, sein innerer
Zweikampf, seine Ambivalenz in entscheidenden Lebens-

fragen, das summiert sich als Tortur und Quälerei einer Frau, die er zu lieben unfähig war.
Zeitweilig hatte Kafka Einsicht in seine verheerende Entschlußlosigkeit und das Zwanghafte seiner Heiratsvorstellung, mit der er Felice terrorisierte; es vergrößerte nur seine Schuldgefühle und intensivierte sein ohnehin besessenes Schreiben, obwohl er oft genug auch im Innern gelähmt war und in periodischen Abständen völlig schreibunfähig wurde, was ihn dann besonders quälte. Nach der endgültigen Trennung von Felice und der Absage an die bürgerliche Ehe unternahm Kafka zwar 1919 noch einen Heiratsversuch (mit Julie Wohryzek), doch auch hier kommt es nicht zur erfolgreichen Bewältigung des Musters. Die weiteren Liebschaften und Beziehungen zu Frauen, zu Milena Jesenská etwa, stehen nicht mehr unter dem Ehezwang, und mit Dora Diamant gelingt im letzten Lebensjahr sogar eine Partnerschaft, die viel eher von Zuneigung, Zärtlichkeit, Fürsorge, gegenseitigem Verständnis und echter Liebe getragen war, als im Verhältnis zu Felice Bauer je denkbar gewesen wäre. Kafka hatte sich, zu spät, von der für ihn verhängnisvollen Ehe- und Familienvorstellung befreit.
Kafkas Verhältnis zum Sexuellen ist ein wichtiges Element zum Verständnis seiner Schwierigkeiten an der Lebenswende von 1912. Die Scheu vor dem Körperlichen führte gegenüber Felice zur Liebesanbeterei und Entkörperlichung der Geliebten, was das gemeinsame Verhältnis schwer belastete. Es kam freilich 1916 zu einem einmaligen sexuellen Kontakt in Marienbad, bei dem Kafka für kurze Zeit seine tiefgehende Angst vor dem »Hinüberfließen« überwunden zu haben scheint. Er notiert nach dem Beisammensein mit Felice: »der Blick ihrer besänftigten Augen, das Sichöffnen frauenhafter Tiefe« (KH II, 101). Aber diese Momente sind äußerst selten in Kafkas Erleben, und er spricht eigentlich auch nicht über das eigene Glücksgefühl, das seelische Emporgehobenwerden aufgrund körperlicher Befriedigung. Glücksgefühle aufgrund gelungenen Schreibens notiert er hingegen häufiger (T 326, 389).
Verhängnisvoll für Kafka war die eigentümliche und ausge-

prägte Abtrennung des Sexuellen als bloß körperlicher Funktion vom Bereich der Empfindungen und des Seelischen. Das eigene mangelnde Körperbewußtsein und fehlende Vertrauen in die eigenen Fähigkeiten, auch die sexuellen (Kafkas Impotenzängste), machten für ihn fast jede physische Betätigung zu einer existentiellen Bewährungsprobe und dann zu einem Unfähigkeitsnachweis wegen der schnell erfahrenen Unzulänglichkeiten.

In der Pubertätsphase hatte Kafka seine sexuellen Nöte den Eltern nicht vorenthalten, bekam aber als Sechzehnjähriger vom Vater den Rat (der wie der Vorschlag eines Vorgesetzten beim Militär seinen Untergebenen gegenüber anmutet), ins Bordell zu gehen, was Kafka nachträglich seinem Vater als schreckliche Fühllosigkeit und Verständnislosigkeit vorgeworfen hat (H 154). Sexuelle Abreagierung erschien Kafka als das »Schmutzigste, was es gab«, während er die Ehe als etwas Reines, körperlich Unwirkliches mißverstand. Das Dirnenwesen war in Prag sehr weit verbreitet. Zu Kafkas Zeiten existierten nicht weniger als 35 solcher Etablissements, deren Besuch für viele mittelständische Bürger, aber auch Intellektuelle, Künstler und Schriftsteller gang und gäbe war. So verzeichnet Kafka einige solcher Bordellbesuche und auch entsprechende Träume in den Tagebüchern. Bei seinen Reisen, etwa mit Max Brod nach Paris im Jahre 1911, gehörte der gemeinsame Bordellbesuch zur Selbstverständlichkeit.

Wie sehr Kafka diesen sexuellen Kontakt benötigte und zugleich verabscheute, zeigt sein Erlebnis mit dem Prager Ladenmädchen, das, gegenüber dem elterlichen Geschäft in einem Konfektionsladen arbeitend, sich mit dem bei Prüfungsvorbereitungen oft ans Fenster Tretenden verständigt und mit ihm in ein Hotel auf die Klein-Seite geht:

»Das alles war, schon vor dem Hotel, reizend, aufregend und abscheulich, im Hotel war es nicht anders. Und als wir dann gegen Morgen, es war noch immer heiß und schön, über die Karlsbrücke nachhause gingen, war ich allerdings glücklich, aber dieses Glück bestand nur darin [...], daß das Ganze nicht *noch* abscheulicher, nicht *noch* schmutziger gewesen war« (M 139).

Gegenüber dieser sexuellen Ambivalenz, von einem Reinheitsdenken belastet, das Kafkas späterer Neigung zu erotischer Enthaltsamkeit und Lebensaskese entspricht, nehmen sich andere Liebesverhältnisse wesentlich gefühlsbeteiligter und positiver aus. Es sind Liebeserfahrungen, bei denen das Psychische sich fast ganz in den Vordergrund schiebt, so die »Süße des Verhältnisses zu einer geliebten Frau«, das sogenannte Zuckmantel-Erlebnis von 1905 (»sie eine Frau und ich ein Junge«), das sich 1913 in Riva am Gardasee mit einem achtzehnjährigen christlichen Mädchen, der »Schweizerin« G. W., wiederholt. Beglückung im Erotischen, Verabscheuung des (unreinen) Sexuellen, Erregung durch Mädchen. Angeblich will Kafka sich in jedes zweite verliebt haben, so wie in die Tochter des Hausmeisters des Weimarer Goethehauses, Margarethe Kirchner, im Jahre 1912, wobei mehr Flirt und eine Art brüderlicher Zuneigung vorgeherrscht zu haben scheint, von reifer Sexualität keine Spur. Das waren halb ernste Spiele, Zufallsbekanntschaften, Ferienfreundschaften, manche tiefergehend wie die zu Hedwig Weiler (1907), der attraktiven, lebensvollen, sozial engagierten Philosophiestudentin. Auch zu ihr bricht Kafka die Beziehung ab, weil er einerseits schon in eine gewisse Isolierungsphase getreten ist; andererseits beansprucht ihn das Schreiben, das immer in Konflikt mit den wirklichen Lebensinteressen gerät. Zudem schützt sich Kafka noch später im Rückblick vor dem eigentlichen Sichbindenmüssen in Beziehungen, wenn er bekennt: »[...] ich [kam] mit Mädchen zusammen [...], in die ich mich leicht verliebte, mit denen ich lustig war und die ich noch leichter verließ oder von denen ich ohne die geringsten Schmerzen mich verlassen sah« (F 385).
Kafka ist mit der ihn überfallenden Macht des Erotischen nicht wirklich fertig geworden. Dem Sexuellen als Teil der menschlichen Natur hat er trotz oder gerade wegen der seelisch unbeteiligten Kontakte mit Dirnen und anderen Zufallspartnern zu entfliehen gesucht. In seinen Werken fehlt der Bereich erotischer Zärtlichkeit und liebevoller Hinwendung auch im Körperlichen fast vollständig, während die sexuellen Szenen, im ›Prozeß‹ und im ›Schloß‹

etwa, eine verzweifelte menschliche Hilflosigkeit, Suche, Gewalt, Fremdheit und Traurigkeit offenbaren. Weil es aber bei Kafka auch die andere Komponente gibt, das sehnliche Verlangen nach Seelentrost, nach der alle inneren Widersprüche versöhnenden Liebe, nach menschlichen Beziehungen, die nicht dem Prinzip des Kämpfenmüssens unterstehen, die nicht durch Macht und Herrschaft entmenschlicht werden, ist in seinem Leben und in seinem Werk das Unverwirklichte der Glückssehnsucht eingeklagt.

Die Werke seines Durchbruchs bezeugen, schon in der Konzentration auf Familienbeziehungen, diese Grundspannungen in Kafkas Leben, zu denen er Geschichten erfand, die nach Form, Thematik und literarischem Kommunikationsangebot einzigartige Verallgemeinerungen privat erfahrener Konflikte sind.

3. Die Werke des Durchbruchs (1912)

Beispiel eines Sohnes: ›Der Heizer‹ (1912)

Seiner Grundkonzeption nach gehört dieses separat veröffentlichte Kapitel (1913) des ›Verschollenen‹ (›Amerika‹) zum ältesten Romanversuch Kafkas (die zwei Brüder, T 31 f., s. o. Seite 33). Aus dem geplanten europäischen Gefängnis wird eine Art Sündenfallsgeschichte, denn der jugendliche Held Karl Roßmann ist von seinen Eltern strafweise nach Amerika verstoßen worden, weil ihn die Köchin verführt und ein Kind von diesem Sechzehnjährigen bekommen hat. Während Dickens in ›David Copperfield‹ die erfolgreiche Reifegeschichte eines tugendhaften Menschen vorführt, der beispielhaft alle widrigen Lebenssituationen übersteht und zu einem vollgültigen Mitglied der Gesellschaft wird, hat Kafka dieses Vorbild, entgegen seiner etwas irreführenden Aussage, nicht »glatt« (T 391) imitiert, sondern in eine absteigende Lebenskurve umgekehrt, so daß am Roman der Rhythmus des Bestraftwerdens auffällt. In der Begegnung mit dem Heizer bei der Einfahrt in den Hafen von New York setzt sich Karl mit

Eifer und Sozialgefühl für die Belange dieser dumpfen, unartikulierten Proletariergestalt (Kafkas ›Woyzeck‹) ein. In der Szene in der Kapitänskajüte, mit dem immerwährenden Hafenverkehr hinter den Fenstern als einer Art Dauerkino des Lebens, macht sich Karl zum Anwalt einer ihre Unterdrückung beklagenden Menschennatur, wird aber durch die wie auf zauberhafte Weise zustande gekommene Begegnung mit seinem Onkel von dieser selbstgestellten Aufgabe abgelenkt. Bei diesem Onkel dann verbringt er ungetrübte Tage, erfüllt von der Teilhabe an privilegierter sozialer Stellung, deren Karl verlustig geht, als er einer Einladung aufs Land folgt. Dies hat die Verstoßung durch den prinzipientreuen Onkel zur Folge. Im folgenden muß sich Karl allein durchschlagen. Er findet in dem Hotel Occidental eine Anstellung, wird aber wegen eines einmaligen, unerheblichen Vergehens gemaßregelt und nach einem regelrechten Prozeß mit dem Hinauswurf bestraft, worauf er bei den Asylanten landet, d. h. bei den sozialen Außenseitern und Deklassierten. Von dort führt ihn am Ende der Weg zu dem berühmten ›Naturtheater von Oklahoma‹, wo jeder »willkommen ist« – eine Sozialutopie mit parodistischen Zügen, die von Kafka mit Ironie und (nur mündlich überlieferten) Hinweisen auf einen angeblich »paradiesischen Zauber« (A 260) ins Ungewisse gehoben wird.

Obwohl die zweite Fassung des ›Verschollenen‹ gleich nach der Durchbruchsgeschichte ›Das Urteil‹ zum größten Teil bis Dezember 1912 geschrieben wurde (1914 unfertig aufgegeben), ist der Roman ein Übergangswerk. Die Darstellung der kindlichen Natur in ihrer unschuldig erscheinenden Reinheit, aber auch (unbewußten) Angepaßtheit an die Verhaltensnormen und Denkmuster der autoritären Gesellschaft bis hin zu ausgeprägten (nationalen) Vorurteilen folgt weitgehend realistischen Erzählprinzipien. Es ist aber unverkennbar, wie sehr Kafkas Erzählen schon hier die Innenwelt des Helden, seine Sicht der Welt zum eigentlichen Gegenstand der Schilderung macht. Vorrangig ist auch die Sohnesthematik und die Dialektik von (Un-)Schuld und Strafe. Kafkas Amerika, sosehr er auch versucht hat, Reisebücher und sozialkritische Berichte materialgerecht zu verwenden, ist eine persönliche Vision, was schon die oft bemerkte (und von der zeitgenössischen Kritik gerügte) Umwandlung der fackeltragenden Freiheitsstatue (historisches Symbol) in eine schwerttragende Freiheitsgöttin (poetisches Mythologem, vielleicht mit Bezug auf den Erzengel vor dem verlorenen Paradies) andeutet. Die Neue Welt ist kein irdisch verheißenes Paradies für den unschuldig Schuldigen. Die hierarchischen Strukturen der Autoritätssysteme und die entfremdenden Verhältnisse der kapitalistischen Wirtschaftsordnung signalisieren, daß ein Verstoßener wie Karl Roßmann zum Verschollenen werden muß.

Der literarische Durchbruch: ›Das Urteil‹ (1912)
Kafkas eigentliche ›Durchbruchsgeschichte‹ (»September 22/23., 1912«) ist novellenhaft angelegt: eine konzentrierte Konflikthandlung, Zuspitzung, Wendepunkt, auch unerhörte Begebenheit und ein der Katastrophenstruktur der Tragödie nachgebildeter dramatischer Aufbau mit Exposition, Konfliktzuspitzung, Höhepunkt, retardierendem Moment und Konfliktlösung im wortwörtlichen ›Fall‹ des Helden. Die lange Exposition mit dem ruhigen Sitzen, mit Ausblick und Zurückdenken in die Vergangenheit Georg Bendemanns, dann sein Besuch bei dem Vater, die Mitteilung des Briefes und die anschließende Befragung bzw. die rapide in eine Auseinandersetzung ausartende Handlung mit der schließlichen Dominanz des Vaters und der Urteilsverkündung und der willigen Urteilsvollstreckung durch den Sohn, während der Richter spielende Vater in sich zusammenbricht, diese innere Bewegungsstruktur fesselt den Leser. Das steht im Gegensatz zu dem, was sich als Rede abspielt: Georgs Gespräche mit sich selbst, die wiedererinnerte Rede mit der Verlobten und die Rede – Widerrede zwischen Vater und Sohn. Das Ganze als Beispiel des Familienstreites.
Der Familienstreit wird hier unterstrichen in seiner Dramatik von den wie Regieanweisungen anmutenden, choreographisch eingesetzten Aussagen zur Bewegung der Figu-

ren bei ihrer Rede, eine dauernde Bewegung im Raum, während die Widersprüche des Gesagten den Leser in Zweifel setzen darüber, was denn nun der Sinn dieser Rede sein könne. Die Verwirrung wird noch dadurch gesteigert,
5 daß kein Erzähler die Verhältnisse klärend erläutert oder durch kommentierende Signale verständlicher macht. Sondern hier überwiegt die sogenannte ›einsinnige Sehweise‹, d. h., alles wird aus Georgs Perspektive erzählt, obwohl die Erzählstimme des Autors und das sich in der Erzählung
10 manifestierende Erzählbewußtsein zeitweilig distanzierend und ironisierend gegenüber dem im Geschehen befangenen Helden, der in den Sog der Ereignisse unweigerlich hineingerissen wird, bemerkbar sind.

Das Figurenpersonal ist begrenzt. Sohn und Vater stehen
15 sich als Kontrahenten gegenüber; die Mutter ist seit Jahren tot; die Verlobte und der (merkwürdig zu nennende) Freund in Petersburg treten nur als erinnerte, als Figuren der Rede und Widerrede auf. Dazu kommen noch ein am Fenster flüchtig grüßend vorübergehender Bekannter und
20 eine »Jesus!« rufende Bedienerin – das ist das kleine Ensemble in diesem Familiendrama.

Bevor man Kafkas eigene Kommentare oder gar die von vielen Interpreten zu der in die Geschichte eingezeichneten Lebensproblematik des Autors heranzieht, empfiehlt sich
25 zunächst, was Kafka »auch harmlos lesen« (T 157) nennt, nämlich ein Lesen, das nicht von einer vorgeplanten Suche (und von vorgefaßten Vorstellungen) ausgeht, sondern von den Schlüsselstellen des Textes, die sich bei der Lektüre aufdrängen. Das hat den Vorteil, daß das literarische Werk
30 nicht nur als fiktives Dokument der Lebensproblematik verstanden wird, sondern in seiner relativen Eigenständigkeit als Kunstwerk und damit als Angebot im Sinne des ästhetischen Spiels und auch literarischer Wahrheitsfindung.
35 Beim ›Urteil‹ ist es wohl hauptsächlich die Begründung des Urteilsspruches, die sich dem Leser aufdrängt, weil darin die Schwerverständlichkeit des Textes zusammengefaßt scheint. Denn was zählt im katastrophalen Handlungsverlauf, ist der Vorwurf des Vaters wegen Georgs verzögertem

Reifwerden und die erschreckende Doppelbotschaft: »Ein unschuldiges Kind warst du ja eigentlich, aber noch eigentlicher warst du ein teuflischer Mensch!« (E 32). Wenn man nicht zu religiösen Vorstellungen von der verlorenen Unschuld des Menschen und seinem Sündigsein vor Gott Zuflucht nehmen will, wenn man den Vater als Kontrahenten in einem Familienstreit auf der menschlichen Ebene ernst nehmen will, dann ergibt sich ein unauflöslicher Widerspruch, wie er bei solchen Streitigkeiten in der Familie nicht unüblich ist. Denn oft steht die Rede der entschuldigenden, verstehen wollenden Liebe (das unschuldige Kind, so wie der Vater auch von einem Sohn nach seinem Herzen spricht; der Freund) im Widerstreit mit dem beschuldigenden Zorn (teuflisches Wesen, als Folge das Todesurteil, die elterliche Verdammung).

Bevor die Vorwürfe des Vaters in der Rede vom Sterbenmüssen der Mutter und von dem Zugrundegehen des Freundes gipfeln, gibt es eine für den Leser, aber auch Georg überraschende und bestürzende Wendung der Dinge. Es geht um die Rolle des Freundes in der Argumentation zwischen Vater und Sohn. Während in der Exposition, in Georgs reflektierender Rückerinnerung dieser Freund als ein »altes Kind«, das sich in die Fremde »verrannt« (E 23) hat, erscheint, zieht der Vater den Freund, seine Existenz in Zweifel, nennt er Georg einen »Spaßmacher« (E 28), um dann plötzlich seinen geheimen Kontakt zu dem Freund zu enthüllen. Was Georg als »Komödie« (E 30) erscheint, entpuppt sich durch die auftrumpfenden Worte des Vaters als Machtkampf mit dem Sohn: »Ich bin noch immer der viel Stärkere« (E 31). Trotz der offensichtlichen geschäftlichen Erfolge des Sohnes, die der Vater, wenn auch vorwurfsvoll, anmerkt, die Georg aber vor allem auf »glückliche Zufälle« (E 24) zurückzuführen bereit ist, enthüllt der alte Bendemann seine heimliche Macht. Auch Georgs gesamte Kundschaft hat er »in der Tasche« (E 31). Georgs Schuldgefühle beim Anblick des vernachlässigten Vaters, sein plötzlich erwachendes Fürsorgebedürfnis (Zudecken des im Bett liegenden Vaters), das auch als geheimer Wunsch nach Beseitigung des Alten verstanden werden könnte, wie denn dieses augenscheinlich sorgsame Zudecken von Bendemann Senior mit dem Drohwort »Früchtchen« (E 29) quittiert wird – alle diese Elemente verweisen auf den unter der Oberfläche stattfindenden Widerstreit zwischen Vater und Sohn, der in dieser Konfrontation zur Entladung kommt.

Dabei gehen die Vorwürfe des alten Bendemann in zwei Richtungen: Er beschwert sich über sein Verdrängtwerden im Geschäft, er beklagt die Vernachlässigung der Sohnespflichten hinsichtlich treuer Fürsorge; die andere Vorwurfsreihe betrifft die Verlobte als »widerliche Gans« (E 30) und in diesem Zusammenhang die Schändung des Andenkens der Mutter, was sich auch mit dem Verhalten dem Petersburger Freund gegenüber verbindet.

Dieser Sohn kann es seinem Vater offenbar in nichts recht machen. Das drängt sich als Gesamteindruck auf. Der Leser fragt sich nach den Gründen. Für Georg steht es fest, daß es sich bei seinem Vater um eine Hinterlist (auflauern) handelt. Lange Zeit versucht er, dem Vater und seinem unerbittlichen Argumentieren zu widerstehen, ihn sogar als »Komödiant« (E 30) zu verlachen. Aber am Ende treibt es ihn aus dem Zimmer. Den Sturz des vorher so gottähnlich Leben und Tod bestimmenden Vaters nimmt er noch als Schlußeindruck mit, bevor er sich als folgsamer Sohn (»Liebe Eltern, ich habe euch doch immer geliebt«, E 32) von der Brücke in den Fluß hinabfallen läßt.

Ein Familienstreit mit tragischem Ausgang. Bevor der Leser dies als Lösungsangebot des Konflikts zu akzeptieren bereit ist, wird er den Begründungszusammenhang verstehen wollen. Georg Bendemanns Leben kommt so in den Blick, sein eigentümlich hinhaltendes Verhalten gegenüber dem Freund, sein Ausweichen gegenüber der Verlobten, die ihn angesichts der Eigenart seiner Freunde über Grundsätzliches, etwa ihre Verlobung, befragen will, von ihm aber mit Küssen regelrecht mundtot gemacht wird, obwohl sie ihre Kränkung gerade noch äußern kann. Die Beziehungslosigkeit zum Vater, das eigentümliche Nebeneinanderherleben der beiden fällt auch auf. Es deutet auf einen Zustand familiärer Entfremdung hin, wo auf keiner Seite die eigentlichen Belange zur Sprache gebracht werden, wo Rede und Verständigung nicht gesucht, sondern vermieden werden. Wo Rede dann nur dem Anschein von Verständigung dient, etwa bei der Fangfrage des Vaters: »Bin ich jetzt gut zugedeckt?« (E 29), um anschließend beim plötzlichen Umschlag, wo aus dem senil erscheinenden, kindischen Alten, aber noch immer riesenhaften Vaterwesen die Rede der Enthüllung und der Verdammung spricht. Kann man Unzulänglichkeiten bei Georg durchaus nicht in Abrede stellen, so ist aber das Gebaren seines Vaters, seine Verurteilung des Sohnes als Versager, schurkisches Wesen, das die väterliche Autorität zu hintertreiben versucht hat, dem Racheakt näher als dem rational begründeten Verhalten. Der Zorn führt seine eigene Rede, schreibt seine eigene Urteilsfindung.

Die Macht elterlichen Zornes, die Verschreckung des Kindes durch das völlig Unverständliche absoluten Liebesentzugs, hier wird Kafkas ›Urteil‹ auf einmal verstehbar, weil dieser Streit, dieser Kampf, diese Zerstörung der menschlichen Rede als Verständigung und Äußerung der Liebe eine allgemeine Erfahrung ist.

Vieles, was an dieser Geschichte gesichtslos, abstrakt, konstruiert, paradox und verschlüsselt anmutet, erscheint durch die Heranziehung von Kafkas Kommentaren in einem etwas deutlicheren Licht. Dann wird verständlicher, daß der Freund mehr eine Redefigur denn eine wirkliche Gestalt ist, ein Bezugspunkt im psychischen Widerstreit von Vater und Sohn, wie denn überhaupt das Psychische die Oberhand gewinnt, auch der Vater als ein inneres Vaterbild, als »Schreckbild« (E 30) eines im Inneren zerrissenen Sohnes erscheint. So haben tiefenpsychologische Analysen vor allem die Gespaltenheit der Hauptfigur aufgedeckt, wobei sie sich auch auf Kafkas Erwähnung berufen, beim Schreiben an Freud gedacht zu haben. Wegen der Kenntnis der Kafkaschen Lebenszeugnisse hat eine andere Deutungsrichtung die Geschichte kurzerhand in eine Art Kreuzworträtsel für biographische Spezialitäten übersetzt. So wird der literarische Appell der Erzählung eingeengt durch die Festlegung auf das bloß Private, Kafka im Sep-

tember 1912 mit dem Konfliktdreieck: Ehe, Beruf, Schreiben.
Die erstaunliche Wirkung dieser Geschichte beweist ihren literarischen Rang und ihr künstlerisches Potential. ›Das Urteil‹ ist eine Rede von den Dingen, die das Nichtredenkönnen, den Krieg zwischen Menschen im Familienkreis bestimmen. Wie denn Kafka, um den Autor in seiner historisch belegten Schreibintention nicht unberücksichtigt zu lassen, ursprünglich gerade das schildern wollte: »einen Krieg beschreiben, ein junger Mann sollte aus dem Fenster eine Menschenmenge über die Brücke herankommen sehen, aber dann drehte sich mir alles unter den Händen« (F 394). Kafka kam nicht los von der Instanz, die in seinem Leben Schicksal gespielt hat. Seine Figuren, seine Geschichten sind die Projektionen dieser Erfahrung. Das verbindet sie mit ihrem Ursprung, dem Leben des Autors. Das garantiert aber auch ihre Eigenständigkeit, ihr Eigenleben.

Nicht Traum, nicht Wirklichkeit: ›Die Verwandlung‹ (1912)
Gregor Samsa findet sich eines Morgens zu einem »ungeheuren Ungeziefer verwandelt« (E 56). Und es wird gleich bestätigt: »Es war kein Traum.« Wenn nicht Traum, dann Wirklichkeit. In unserer Realitätserfahrung kommen jedoch solche Verwandlungen nicht vor. Es kann sich also nicht um ›normale‹ Wirklichkeit handeln, sondern nur um die ›unwirkliche‹ Wirklichkeit der Literatur. Wie denn seit den ältesten Zeiten im Mythos, in Märchen, in den aus den Vorzeiten stammenden Überlieferungen solche Verwandlungen eines Menschen in ein Tier (und vor allem auch das Umgekehrte) berichtet wird.

Der Gedanke an ein schauriges Märchen, an ein Anti-Märchen (weil die erlösende Rückverwandlung nicht eintritt) hat deshalb hier bei Kafka nahegelegen. Märchen (und Mythos) kennen die Verwandlung als Bestrafung (für bewußt oder unbewußt begangene Vergehen), als rettende Verwandlung (die vor einer Gefahr bewahrt) und auch als Selbstverwandlung (in höchster Not oder zur Erlösung von einer unerträglichen Qual). Die verwandelnde Instanz, ob eine äußere, gottgleiche, schicksalhafte oder zauberkräf-

Titelbild der Erstveröffentlichung 1916. Kafka kommentierte: »Das Insekt selbst kann nicht gezeichnet werden« (Wa 163).

tige Macht oder Figur, ob eine innere, wie ein Wunder zur Verfügung stehende Eigenmacht, ist in vielen Fällen nicht greifbar oder genannt.
Gregor Samsas Verwandeltsein hat einen Grad an Unerklärbarkeit, der noch dadurch gesteigert wird, daß er selber bis zum Zeitpunkt des Verwandeltwerdens (und bis zu seinem Tod in der Geschichte) in einer als ›normal‹ zu verstehenden, keineswegs phantastisch anmutenden Umwelt gelebt hat. Familie, Berufssphäre und soziale Wirklichkeit erscheinen hier als realistisch geschilderte Normalbedingungen einer allerdings nicht märchenhaften, sondern eher schäbigen mitteleuropäischen Lebenswelt im zweiten Jahrzehnt dieses Jahrhunderts. Phantastisch mutet also an: die Verschränkung von ›normaler‹ Realität und unwirklicher Existenzform (ungeheures Ungeziefer). Es ist eine phantastische Unvereinbarkeit, die grotesk wirkt und ihre literarischen Vorläufer in den phantastischen Erzählungen eines E. T. A. Hoffmann und Nikolai Gogol (›Die

Nase‹, ›Der Mantel‹), aber auch Fedor Dostojewski (›Der Doppelgänger‹) hat.

Die Versuche, die Verwandlung selber als ein Symbol für einen eingrenzbaren Sachverhalt zu deuten, haben sich als sehr schwierig erwiesen. Denn außer vagen, widersprüchlichen Festlegungen hat sich keine überzeugende Sinnzuweisung finden lassen. Dagegen hat es mehr für sich, die Verwandlung als Funktionssymbol aufzufassen, d. h. als ein komplexes Zeichen, dessen Bedeutung sich aus den in der Geschichte sich ergebenden Einzelbedeutungen zusammensetzt. Je nach Betonung gewisser Bedeutungsreihen resultieren daraus einigermaßen schlüssige Funktionen.

Die Verwandlung wird unter dem Gesichtspunkt der Befreiung Gregors von seiner früheren, offensichtlich bedrückenden Existenz verstehbar als wunschtraumhafte Verwirklichung seiner Sehnsucht nach einem Ausweg, nach einer Ausflucht. Gregor als Aussteiger, so mutet es an. Eine ganz andere Bedeutungsreihe erkennt die Wesenlosigkeit und menschliche Substanzlosigkeit von Gregors Existenz als herumgetriebener Reisender und sieht in der Verwandlung den Ausdruck seiner Selbstentfremdung. Dazu gibt es die Variante, daß Gregor, durch die sozialen Abhängigkeitsverhältnisse im kapitalistischen Wirtschaftssystem ausgebeutet, in dem Verwandeltsein diese ihm aufgezwungene Entfremdung als das ihm fremde andere, als ›unmenschliche‹, ›Vertierung‹ ausdrückende Gestalt erfahre. Danach wäre Gregor ein Tier, weil Sozialerfahrung und Umwelt ihn dazu gemacht hätten. Eine andere Funktionsbestimmung trägt alle Wesensmerkmale der menschlichen Unzulänglichkeit Gregor Samsas zusammen und sieht die Verwandlung als Strafe für seine verfehlte Existenz, d. h. als Verurteilung seines so unvollkommenen menschlichen Daseins. Im Gegensatz dazu wollen andere Deuter die Verwandlung als Ausdruck der Auflehnung, als Rebellion Gregors verstanden wissen. Ihm wird nachgesagt, daß er insgeheim, unbewußt also, seine Familie durch sein parasitäres Verwandeltsein zu beherrschen, ja zu terrorisieren suche (obwohl eingestanden wird, daß er im Grunde ein völlig hilfloses Wesen sei).

Angesichts dieser Funktionsbestimmungen der Verwandlung, die jeweils eine gewisse Reihe der Einzelbedeutungen zusammenfassen und deshalb auch in widersprüchliche Beziehungen zueinander treten, läßt sich auf die übliche Bedeutung der Tiermetaphern verweisen. Sie dienen im allgemeinen der negativen Charakteristik, häufig der Beschimpfung und Erniedrigung. Diese gewöhnlich herabsetzenden Bezeichnungen kannte Kafka auch aus eigener Erfahrung. Sein Vater ging damit sehr freizügig um, nannte die Köchin leicht ein »Vieh« (H 126) und den von Kafka verehrten jiddischen Schauspieler Jizchak Löwy ohne Hemmungen ein »Ungeziefer« (H 125, T 103) – lauter Demütigungen, die Kafka mit »Haß« (T 98) gegen seinen Vater beantwortete. Für das Vernichtende der Schimpfrede war Kafka besonders empfänglich. Er machte sich leicht diese auferlegte Negativcharakteristik zu eigen. Es verwundert nicht, daß er in der Form der Selbstbezichtigung zu entsprechenden Selbsterniedrigungen kommt. So reflektiert er beim Schreiben der ›Verwandlung‹ seinen Werdegang und empfindet sich schon früh als »Affe« seiner Eltern (F 138).

Gregor Samsa ist nicht *wie* ein Ungeziefer, sondern er hat dessen Gestalt angenommen, obwohl ihm sein menschliches Bewußtsein bleibt, wenn er auch aufgrund seiner ›Tierstimme‹ sich nicht mehr verständlich machen kann. Für diesen Vorgang bietet sich der Begriff der fortgeführten Metapher an, die hier bei Kafka so weit fortgeführt erscheint, daß die metaphorische Bedeutung wörtlich genommen ist. Eine charakteristische Doppelheit, Vielschichtigkeit ergibt sich daraus für die ›Verwandlung‹. Das Ungeziefer als von außen auferlegte Degradierung (mit einer im Innern zustimmend empfundenen, entsprechenden Selbsterniedrigung); dagegen steht dann die Käfergestalt als eine vom Menschsein befreiende Tierexistenz, die ein unliebsames Weiterfunktionieren in der verhaßten Welt der Realitätszwänge sabotiert (nicht unähnlich dem Käferwunschtraum Eduard Rabans in den ›Hochzeitsvorbereitungen‹).

Unter diesen Gesichtspunkten erscheint ›Die Verwandlung‹ nicht mehr als völlig uninterpretierbar; auch soll sie auf keinen einzigen Zweck, keine ausschließlich gegebene Bedeutung hin festgelegt, also nicht eindeutig gemacht werden. Sondern es ergibt sich die Möglichkeit, ihre literarische Funktion, das ästhetische Spiel, das mit diesem einzigartigen Kunstgriff inszeniert wird, besser zu verfolgen und zu verstehen. Ein Kunstgriff, mit dessen Hilfe es Kafka gelingt, den Leser auf phantastische Weise zwischen Traum (auch Alptraum) und Wirklichkeit in der Schwebe zu halten, seinen Realitätssinn zu verunsichern.

Ohne das Phantastische und sonderbar Wunderbare der Verwandlung gänzlich auszuklammern, läßt sich dann die Aufmerksamkeit auf die ›wirkliche‹ Geschichte Gregor Samsas lenken. Es ist eine nicht untypische Familiengeschichte, eine katastrophale Fehlentwicklung ›normaler‹ Verhältnisse, wie sich denn unschwer in Gregors Existenz vor der Verwandlung, in der Existenz seiner Eltern, der Schwester als auch in den Reaktionen der Familie und der restlichen Umwelt auf den Verwandelten recht viele typische und gleichsam ›normale‹ menschliche Verhaltensweisen erkennen lassen.

›Die Verwandlung‹ teilt sich, als Familiengeschichte betrachtet, in zwei Hauptteile: eine Vorgeschichte und eine Geschichte, die mit der Verwandlung einsetzt, mit Gregors Tod aufhört und durch eine Nachgeschichte, den Epilog der Erzählung, beendet wird. Die Vorgeschichte wird erkennbar in Gregors Rückerinnerungen, vor allem im ersten Teil der Erzählung; wichtige weitere Elemente werden durch zusätzliche Beobachtungen Gregors im zweiten Teil hinzugefügt, vor allem Einzelheiten zum Zusammenbruch des väterlichen Geschäfts. Auch im dritten Teil werden gerade in bezug auf Gregors Schwester Grete Details nachgeliefert, etwa der Plan des Bruders, sie zur Ausbildung im Violinspiel aufs Konservatorium zu schicken.

Die Vorgeschichte läßt drei wichtige Hauptaspekte erkennen: erstens die unzulängliche Persönlichkeitsentwicklung Gregor Samsas. Er ist das Produkt und Opfer einer insgesamt fraglos autoritär operierenden Erziehung, die sich bei ihm als übergroße Unselbständigkeit auswirkt. Kindliche oder einfallslose Hobbys füllen seine Freizeit aus (Laubsägearbeiten, Fahrpläne lesen). In der Beziehung zu Frauen machen sich eine charakteristische Unreife und ein mangelndes Selbstvertrauen geltend. Unentschiedenheit im Erotischen (der Annäherungsversuch an eine Kellnerin erfolgt zu spät) und Flucht zu Ersatzobjekten (das Bild der Dame mit dem Pelzmuff) sind deutlich bemerkbar. Der folgsame, angepaßte Sohn (das Bild, das ihn in der Leutnantsuniform zeigt, weist auf diese Rollenkonformität hin), der fraglos zum Haupternährer der Familie wird, nachdem der Vater den geschäftlichen Ruin erlitten hat, muß sich in einem ungeliebten, überbeanspruchenden Beruf abplagen, ohne daß es je zu einer Aussprache mit den anderen Familienmitgliedern kommt. So enthält ihm auch der Vater auf eine fast intrigant zu nennende Weise vor, daß er noch beträchtliche finanzielle Mittel in der Wertheimkassa übrigbehalten hat, von einem Angebot, zur Schuldentilgung beizutragen, ganz abgesehen. Das scheint weniger eine persönliche Gemeinheit des Vaters zu sein, als vielmehr auf ein fraglos ausgeführtes Rollenverhalten (der alles bestimmende Vater in der Familie) hinzuweisen, dem gegenüber der normengetreue Sohn nie auf eine Erörterung der alle Beteiligten betreffenden Familienverhältnisse pocht. Von einer solchen Besprechung wäre zu erwarten, daß sich die Familienmitglieder einigen müßten, wie die notwendigen Aufgaben und Verantwortungen zu teilen und zu tragen wären.

Durchweg angepaßt verhält sich Gregor auch in seinem Beruf. Das, was ihn dort überfordert, kann er in keiner Weise vorbringen. Vielmehr staut sich in ihm ein Unwille, ein Unmut auf, die sich erst nach der Verwandlung in den Beschwerden, Klagen und aggressiven Wunschvorstellungen (den Chef vom Pult stürzen etc.) Luft machen. Der Arbeitsstreß und das Unbefriedigtsein im Menschlichen äußern sich in Gregors Hauptklage, mit der er sein Leiden (»nie herzlich werdender, menschlicher Verkehr«, E 57) an der ausbeuterischen Arbeitssituation zusammenfaßt. Die einer solchen Haltung des Selbstmitleids entsprechenden aufgestauten Aggressionen entladen sich bei Gregor bezeichnenderweise in der Begegnung mit dem Prokuristen, dessen Davoneilen ihm als »Flucht« erscheint, obwohl ihm auch seine »Verfolgung« dieses Abgesandten der Berufswelt, also die ›Vertreibung‹, bewußt wird. Eine radikale Absage an die Sphäre der Arbeit wird da deutlich. Gegenüber dem kommunikationsunfähigen Gregor war Kafka in seiner eigenen Berufssituation beileibe nicht völlig verhindert, seine Belange seinen Vorgesetzten mitzuteilen. Seinen wegen der schlechten Bezahlung eingereichten Gesuchen um Gehaltsaufbesserung und den oftmaligen Urlaubswünschen aus gesundheitlichen und Gründen seiner schriftstellerischen Betätigung wurde in der Anstalt zumeist bereitwillig stattgegeben. Trotz der unguten Gefühle gegenüber dem ihn am Schreiben hindernden Beruf ist Kafka weit über die Unfähigkeiten seiner übertrieben gezeichneten Erzählfigur hinausgelangt.

Gregor Samsas Geschichte beginnt mit der Verwandlung, die ihn von all dem Streß des Berufs befreit und somit eine Erleichterung bringt. Wie befangen er in seinen Routinevorstellungen ist, zeigt sich daran, daß er – und das mutet grotesk an – nach seinem Aufwachen als Verwandelter dennoch versucht, den Berufsverpflichtungen nachzukommen – eine Unmöglichkeit, die sich dann von selbst ergibt. Der Familiengeschichte entsprechend sind die Reaktionen der einzelnen Familienmitglieder von bezeichnender Art: Der Vater, charakterisiert durch die an die Tür schlagende Faust und den Befehl an das Mädchen, den Schlosser zu holen, treibt Gregor, nach der ›Verfolgung/Flucht‹ des Prokuristen selber wie ein Tier sich verhaltend (Zischen), ins Zimmer zurück. In dieser zwanghaften Ausübung einer typischen Strafhandlung (gegenüber dem ›bösen Kind‹) bleibt überhaupt keine Möglichkeit, menschliches Interesse, väterliche Sorge um den Sohn zu zeigen.

Die Mutter dagegen (»die sanfte Stimme«, E 58) vermutet eine Erkrankung des Sohnes, verlangt auch verständlicherweise nach dem Arzt, läßt also den Bereich der menschlichen Fürsorge erkennen, wie sie denn auch das Prinzip Schonung vertritt, etwa in dem berühmten Schluß des zweiten Teils. Dort bittet sie ihren Mann, der Gregor mit den

Äpfeln bombardiert, um das Leben des Sohnes, der, getroffen und verwundet, zum Zeugen der »gänzlichen Vereinigung« von Vater und Mutter wird, ganz im Sinne der von Freud beschriebenen Urszene, in der das Kind beobachtet, wie die Eltern sich vereinigen. Kafka stellt aber auch heraus, daß die Mutter als die Schonende, Bittende, Liebende ganz dem Vater untertan ist, ihm keinen Widerstand entgegensetzen kann, weil sie außer dem bis zum Hypochondrischen überentwickelten Gefühlsleben keine eigene Basis für menschliche Eigenständigkeit hat.

Grete, zu Anfang eine fürsorgende Schwester, übernimmt die Fütterung und andere Pflichten. Nach der Musikszene, deren inzesthafte Wunschphantasien auf seiten Gregors sich sehr stark aufdrängen, wandelt sie sich in eine bittere Feindin (damit auch die Märchenerwartung von der möglicherweise rückverwandelnden Instanz enttäuschend), die auf die endgültige Beseitigung des ehemaligen Familienmitgliedes drängt. Sie scheint am ehesten die Kraft zu haben, den Vorwurf der Zimmerherren – sie erscheinen als spießerhafte Repräsentanten kleinbürgerlichen Anständigkeitsdenkens – hinsichtlich der »in dieser Wohnung und Familie herrschenden widerlichen Verhältnisse« (E 83) in einen unwiderruflichen Entschluß umzusetzen. Gregor, ohnehin tödlich verwundet, fügt sich diesem von der Schwester im (zum erstenmal gezeigten) Familienrat vorgebrachten und akzeptierten Vorhaben. Er kommt seiner zwangsweisen Beseitigung durch ein subjektiv versöhnlich empfundenes Sterben zuvor.

Während Gregor in fortlaufender Verwandlung sich immer mehr mit seiner Tierexistenz identifiziert hat, sogar bis zur Ausübung neuartiger Freiheiten, z. B. das An-den-Wänden-Hochkriechen und das wie ein Spiel betriebene Herunterfallenlassen von der Decke, unterzieht sich auch die Familie einer fortgeführten Verwandlung. Der Vater erstarkt wieder zur eigentlich nie völlig aufgegebenen Machtposition in der Familie, obwohl seine untergeordnete Stellung als Bankdiener eine jämmerliche Schwundstufe der ehemals selbstherrlich ausgeübten Tätigkeiten als Geschäftsmann darstellt. Dieses Absinken der Familie Samsa drückt sich auch in den Näharbeiten der Mutter aus, und Grete muß sich als Verkäuferin verdingen. Nach Gregors Tod, auf den die Entlassungen der Bedienerin und die (wechselseitige) Kündigung der Zimmerherren folgen, erweist sich die Familie Samsa, wenn auch auf niederer Stufe, als eine geminderte Normalfamilie, die in der Schlußszene in der idyllisch anmutenden Frühjahrsatmosphäre eine Art Regeneration erlebt. Denn nachdem der für die Familie unverständliche Alptraum von Gregors Verwandlung von ihnen genommen ist, ergibt sich eine Wiederherstellung des ›normalen‹ Lebens, zusätzlich ausgedrückt in Gretes erwachender Schönheit und fraulicher Reife.

Damit endet ›Die Verwandlung‹ in einer recht banal anmutenden Bestätigung der gewöhnlichen Lebenswelt, was Interpreten immer wieder dazu verleitet hat, der Familie Samsa wegen Herzlosigkeit und seelischer Grausamkeit, wegen geistiger Unfähigkeit und menschlicher Unzulänglichkeit das Urteil zu sprechen. Das ist eine zu einfache Sicht der Geschichte. Auch dem musikliebenden Tier einen Drang ins Höhere, Geistige zuzusprechen, worauf die Rede von der »ersehnten unbekannten Nahrung« (E 92) hinzuweisen scheint, vereindeutigt zu viele Aspekte der komplexen Bedeutungsvielfalt der ›Verwandlung‹.

Kafka, dessen Geschichte die biographischen Deuter ganz aus der unglückseligen Konstellation im Herbst 1912 erklären, hat beim Lesen seiner Erzählung »viel gelacht« (F 320), was wohl auch den Humor und das ästhetische Spiel dieses Werkes meint. Er hat, selbstkritisch, wie er war, die Erzählung auch »schlecht« gefunden und vor allem das Ende verdammt: »Großer Widerwillen vor ›Verwandlung‹. Unlesbares Ende. Unvollkommen fast bis in den Grund. Es wäre viel besser geworden, wenn ich damals nicht durch die Geschäftsreise gestört worden wäre« (T 256f.). Abgesehen von den Konzentrationseinbußen und den nachweisbaren Störungen der Inspiration bezieht sich Kafka hier vielleicht auch auf das allzu Schematische im Epilog seiner ›Verwandlung‹.

Nach Gregors Tod ist die Verschränkung von Traum und Wirklichkeit, von phantastischer Realität und unwirklich

erscheinender Normalität weitgehend aufgehoben. Der
Appell an den Leser, sich entweder auf die Seite der Normalperspektive (Familie Samsa) zu stellen oder entschieden gegen sie zu sein, ist zu kraß. Statt in eine Scheinlösung
der moralischen Verurteilung oder Bejahung der sich widersprechenden Positionen zu geraten, wäre es doch im
Sinne der Vieldeutigkeiten der Geschichte angebrachter,
wenn die generelle Unvereinbarkeit, der unauflösbare Widerstreit der Positionen Gregors und seiner Familie bis zum
Ende beibehalten wäre.

4. Erste Verlobung und Entlobung. Literarische Strafen (1914)

Der »Gerichtshof im Hotel«

Der Herbst 1912 hat für Kafka nicht nur den Durchbruch
seines literarischen Schreibens gebracht, sondern auch das
deutliche Bewußtsein seiner zeitweilig unbezweifelbaren
Berufung zum Schriftsteller. So erklärt er sich, der sonst
sehr publikumsscheu ist, dem Max Brod die frühe Prosa
mit erheblichen Überredungskünsten für den Druck abbetteln mußte, zu einer öffentlichen Lesung noch im Dezember des Jahres im Rahmen eines Prager Autorenabends
»mit großer Freude« bereit. Kafka denkt auch sofort ans
Veröffentlichen. ›Das Urteil‹ bestimmt er zum Erscheinen
in Max Brods literarischem Jahrbuch ›Arkadia‹ (1913). Bei
Verhandlungen mit seinem Verleger Kurt Wolff, der den
›Heizer‹ (1913), ›Die Verwandlung‹ (1915) und ›Das Urteil‹ (1916) in der späterhin berühmten literarischen Reihe
des Expressionismus, ›Der jüngste Tag‹, veröffentlicht, bittet Kafka um eine zusammenfassende Ausgabe dieser drei
›Novellen‹ unter dem Titel ›Die Söhne‹ (Br 116). Dieser
Plan von 1913 steht ganz unter dem Eindruck der Familienthematik, unter dem Zentralaspekt des Widerstreits, der
Ausgliederung, der Aussonderung des Sohnes aus dem
»heimatlichen Rudel« (F 729) – eine Problematik, die in
der expressionistischen Vorliebe für den Vater-Sohn- bzw.
den Generationenkonflikt eine Parallele hat. Doch ist die

Kurt Wolff, Kafkas wichtigster Verleger (Wa¹1983, 140).

Vaterfigur für Kafka nur der Hauptexponent der ihm ohnehin unerträglichen Familiensituation, d. h. der Umklammerung durch den Familienverband in geistiger, psychischer und lebenspraktischer Hinsicht. Die Familie, das ist das
5 Fazit dieser Geschichten, wird als lebenzerstörende Behinderung des Wunsches nach Unabhängigkeit, Selbstfindung und Selbstverwirklichung erfahren.

Trotz seiner Vorbehalte gegen die Familie als Zwangsverband ist Kafka zu dieser Zeit noch ambivalent, versucht er
10 doch durch seine Einkreisung von Felice die Ehe und eine damit in Aussicht stehende Familiengründung zu betreiben. Der intensive Schreibimpuls vom Herbst 1912, das Vorantreiben des ›Verschollenen‹, zugleich die ausufernde Korrespondenz mit der Berlinerin führen zu einer die
15 Kräfte überbeanspruchenden dreigeteilten Existenz: »F., der Verfall im Bureau, die körperliche Unmöglichkeit zu schreiben und das innere Bedürfnis danach« (T 222). Aber wie zur Überschrift steht darüber Kafkas »unsicherer Kopf«. Es ist dann das Tagebuch, das sein Schreiben, die
20 fiktiven Entwürfe ablöst. Die immer wieder erneuerten Ansätze zum Schreiben bleiben stecken. Im August 1913

verdichten sich die Selbstmordabsichten: »Einzige Lösung im Sprung aus dem Fenster« (T 231).
Schlägt Kafka sich an die Brust (»Was für Not!«) und ruft er sich zu: »Ich elender Mensch!« (T 229), so geschieht das wenige Wochen nach dem ersten Heiratsantrag an Felice (Juni 1913, F 400). Trotz der klar erkannten »Unmöglichkeit«, trotz Kafkas eindringlicher »Gegenbeweise«, trotz der unmißverständlichen Warnung vor »Verblendung« (F 417) willigt Felice ein. Jetzt mobilisiert Kafka alle inneren Kräfte und Verzweiflungszustände gegen diese seine Heiratsabsichten. Er macht sich auch eine »Zusammenstellung alles dessen, was für und gegen meine Heirat spricht« (T 227f.). Das läßt erkennen, wie bewußt um eine Entscheidung, um den lebenswichtigen Entschluß gerungen wird. Aber in Riva am Gardasee hat Kafka dann im Oktober in einer Art Flucht vor den Verpflichtungen das Erlebnis der Begegnung mit der Schweizerin: »Zu spät. Die Süßigkeit der Trauer und der Liebe. Von ihr angelächelt werden im Boot, das war das Allerschönste. Immer nur das Verlangen, zu sterben und das Sich-noch-Halten, das allein ist Liebe« (T 238).
Unschwer läßt sich erkennen, wie Kafkas Berührungsscheu, seine Angst vor dem körperlichen Beisammensein Liebe als verzehrende Sehnsucht, als Verlangen der Seele bestimmt und in etwas Unstillbares und Entstofflichtes umdeutet. Das macht auch deutlich, daß er sich mit seinen Heiratsplänen auf einem gefährlichen Kollisionskurs befinden muß. Denn solange Felice das Objekt seiner Sehnsucht, seine »liebe Braut« (F 417) bleibt, nicht aber die Ehepartnerin wird, die Frau, die vielerlei Ansprüche, auch sexuelle hat, kann er zu ihr hinstreben, ist sie auch Inspirationsquelle, eben die Angebetete.
Diese Situation ändert sich 1914, als der zweite Heiratsantrag (F 488) erfolgt. Da Felice mit der Zustimmung auf sich warten läßt, plant Kafka sogar zeitweilig, Prag endgültig zu verlassen. Da ihm das absterbende »Riesendorf« Wien (F 545) verhaßt ist, erscheint ihm nur Berlin und eine Stellung »im untersten Journalismus« (F 535) als Ausweg. Bei der inoffiziellen Verlobung zu Ostern 1914 setzt sich Felice

dann in ihrer bürgerlich-praktischen Weise durch, indem sie Prag zum gemeinsamen Wohnsitz erklärt, sich eine (in ihrer Schwerfälligkeit Kafka beängstigende) Wohnungseinrichtung wünscht, eine religiöse Trauung beabsichtigt (Kafka ein Greuel) und somit zur bestimmenden und zugleich auch verstimmenden Figur wird. Zu Pfingsten dann sind die Kafkas (Vater, Mutter, die Schwester Ottla) zur offiziellen Verlobungsfeier in Berlin. Kafka empfindet das Ganze als »Folterung« (Br 139) und notiert: »War gebunden wie ein Verbrecher. Hätte man mich mit wirklichen Ketten in einen Winkel gesetzt und Gendarmen vor mich gestellt und mich nur auf diese Weise zuschauen lassen, es wäre nicht ärger gewesen« (T 280).

Das Muster der Kafkaschen Ichspaltung ist hier nur zu deutlich. Denn es ist nicht nur Angst vor dem Ehegefängnis, die Kafka lähmt. Er hat schon lange eine seelische Umorientierung erfahren, die seine Sehnsucht anderweitig bindet. Seit Oktober 1913 führt er einen intensiven und vertraulichen Briefwechsel mit Grete Bloch (1892–1940[?]; das genaue Sterbedatum ist unbekannt, weil sie vermutlich in einem KZ den Tod fand). Grete Bloch war als Freundin von Felice nach Prag geschickt worden, um in der gespannten Beziehung zu vermitteln. Kafkas erster Eindruck: »ein zartes, junges, gewiß etwas merkwürdiges Mädchen« (F 473). Angeblich soll die Vertrautheit zwischen Kafka und Grete Bloch auch zu ihrer Schwangerschaft und zur Geburt eines unehelichen Sohnes geführt haben, was Kafka verborgen geblieben sei. Vieles spricht allerdings gegen diese Annahme. Erwiesen aber ist, daß Kafka nach Berlin zitiert wurde, weil Grete Bloch seine mißverständlich vertraulichen Briefe Felice offenbarte. Allem Anschein nach bedeutete Grete Bloch für Kafka vor allem eine Vertraute, der er sich mitteilen konnte, eine ersehnte Geliebte oder wünschenswerte Partnerin war sie wohl nicht.

Die feindselige, anklagende Auseinandersetzung im ›Askanischen Hof‹ im Juli 1914 und die sofortige Entlobung hat Kafka mit der Formel »Gerichtshof im Hotel« quittiert. Und er nennt sich: »Teuflisch in aller Unschuld«, um hin-

Hotel ›Askanischer Hof‹ in Berlin, der ›Gerichtshof‹ der ersten Entlobung, 1914 (Wa 181).

zuzufügen: »Scheinbare Schuld des Fräulein Bl(och)« (T 297).
Nach einem »Lektion«-Aufsagen gegenüber den Eltern von Felice, nach einem anschließenden Ostseeurlaub und der Rückkehr nach Prag entwirft Kafka einen ersten Versuch der Bewältigung des Geschehenen. Diese Tagebuchstelle handelt, noch ganz unter dem Eindruck der Familiengeschichten und des Vater-Sohn-Gegensatzes, von einem Josef K. Dieser Sohn eines reichen Kaufmanns hat sich mit seinem Vater, der ihm sein »liederliches Leben« vorwirft, überworfen und betritt auf dem Weg zum Haus der Kaufmannschaft das Gebäude an einem Türhüter vorbei (T 301 f.). Deutliche Parallelen zum ›Urteil‹ drängen sich hier auf. Aber dieser Ansatz wird fallengelassen.
Ähnlich wie beim ›Urteil‹ wandelt sich der ursprüngliche Arbeitsplan. Kafka sieht sich nämlich auf einmal in ein großes weltgeschichtliches Geschehen hineingezogen. Es herrscht allgemeine Mobilmachung. Der Erste Weltkrieg bricht aus. Mit seinem »bösen Blick« (T 306) beobachtet Kafka die ihm widerlich erscheinenden patriotischen Umzüge. Der Roman, den er in diesen Tagen beginnt, wobei es ihm nur zu deutlich wird, daß sein »Sinn für die Darstellung« seines »traumhaften innern Lebens« nun »alles an-

dere ins Nebensächliche gerückt« (T 306) hat, dieser große
epische Versuch wird nicht zu einer erneuten Schilderung
des Vater-Sohn-Konflikts im Zusammenhang der Zwänge
des Familienverbandes. Sein Schreiben setzt vielmehr die
Selbsterforschung und Durchleuchtung des Schuldbe-
wußtseins um in ein erzähltes Selbstgericht: In ihm wird der
Kampf eines von anonymen Mächten überrumpelten einzelnen dargestellt, der Kampf mit den unsichtbar bleibenden Instanzen des Gerichts, des Gesetzes und der Macht
über Leben und Tod.

Selbstgericht: ›Der Prozeß‹ (1914)

Als Kafkas Roman ›Der Prozeß‹ 1925 gegen seinen aus-
drücklichen Willen – er wollte alle hinterlassenen Manu-
skripte verbrannt sehen – aus dem Nachlaß veröffentlicht
wurde, betonte die Kritik das Unheimliche, Dämonische,
Angsttraumhafte, aber auch Krankhafte dieses unerhört
eindringlichen Werkes. Einerseits argumentierte man mit
dem Vordergründigen und sah in der Handlung eine Satire
auf die schlecht funktionierende Justiz, auf die Willkür der
Polizeibehörden und Beamtenapparate. Andererseits ver-
folgte man den vom Herausgeber Max Brod nahegelegten
Gedanken einer religiösen Deutung, indem man im ›Prozeß‹ die eine der »beiden Erscheinungsformen der Gott-
heit«, das »Gericht«, erkannte, während im ›Schloß‹ dann
die andere, die »Gnade« (S 349), verwirklicht schien. Sündigsein, Lebensschuld, Erlösung waren da als Begriffe
schnell bei der Hand; aber auch Hinweise auf den Roman
als Darstellung der Stimme des Gewissens, d. h. als Schilderung einer entschieden inneren Problematik des Helden
Josef K.

Das Geschehen. Am Morgen seines dreißigsten Geburts-
tags wird Josef K., ein Bankbeamter in einer namentlich
nie genannten Institution in einer ebenso unbekannt bleibenden Stadt und einem nie bezeichneten Land oder Staat,
aus dem Bett heraus von einem Aufseher und zwei Wäch-
tern verhaftet. Der berühmte, in seiner Verwendung des
Konjunktivs schon auf das Hypothetische hinweisende Ein-
gangssatz läßt gleich zu Beginn das einsinnige, auf das

subjektive Bewußtsein der Hauptgestalt bezogene Erzählen Kafkas deutlich werden:
»Jemand mußte Josef K. verleumdet haben, denn ohne daß er etwas Böses getan hätte, wurde er eines Morgens verhaftet« (P 7).
Die Schuldfrage bleibt also offen; statt dessen kommt hier in den Blick, daß sich Josef K. keiner Vergehen bewußt ist, womit das Schuldbewußtsein zum zentralen Aspekt wird. Die Versuche, sich entsprechend normaler Verhaltensweise mit seiner Radfahrlegitimation oder mit seinem Geburtsschein auszuweisen, werden mit Hinweisen auf sein Verhaftetsein zurückgewiesen. Allerdings erhält er die Versicherung, daß seine bisherige Lebensweise nicht beeinträchtigt sei, daß er seine Arbeit in der Bank fortsetzen könne. Gespensterhaft verschwinden die Abgesandten des unbekannten Gerichts, während er mit den drei ihm unliebsamen Bankkollegen zur Arbeit fährt. Schwankend zwischen einem Leugnen jeglicher Schuld und einem sich immer mehr geltend machenden Schuldbewußtsein, beginnt Josef K. seine Auseinandersetzung mit dem Verfahren und dem Gericht. Er folgt einer telefonischen Vorladung, die in einen schmutzstarrenden, ärmlichen Arbeitervorort zur Juliusstraße führt. Der ihm merkwürdigerweise unwillkürlich einfallende Name Lanz bahnt Josef K. den Weg zu dem eigentlichen Ort der ersten Untersuchung. In einer übervollen Versammlung klagt er die Gerichtsorganisation von den untersten Untergebenen bis zu den höchsten (ihm noch völlig unbekannten) Richtern als korrupte Beamtenschaft an und macht sie verächtlich.
Dennoch sucht Josef K. in der Folgezeit weitere Kontakte zu diesen Behörden. Besuche in den von wartenden Angeklagten überfüllten, durch Enge, Schmutz und stickige Luft atemberaubenden Kanzleien mit ihren labyrinthischen Korridoren führen zu keinen befriedigenden Ergebnissen. Die bedrohliche Gerichtswelt macht ihre Allgegenwart auch in der Bank geltend. In einer Rumpelkammer wird Josef K. Zeuge der Auspeitschung der beiden Wächter, über deren Verhalten bei der Verhaftung er sich beschwert, deren Übergriffe er angeprangert hat.

Auf Anraten seines Onkels, der, von seiner Tochter Erna informiert, als ehemaliger Vormund sich einschaltet und Vorhaltungen wegen der für die Familie zu erwartenden »Schande« macht, nimmt Josef K. sich den »Verteidiger und Armenadvokaten« Huld. Er entläßt ihn aber trotz des zunächst vielversprechenden, Gnade verheißenden Namens ein halbes Jahr später wieder, weil der Anwalt seine Angelegenheit, die immer dringlicher zu werden scheint, nur schleppend behandelt. Begegnungen mit einem Fabrikanten, dem für das Gericht arbeitenden Maler Titorelli, dem seinem Anwalt hündisch ergebenen Kaufmann Block und schließlich mit dem Gefängnisgeistlichen im Dom – Höhepunkt und Wendepunkt des Romans – bestimmen Josef K.s wachsende Einsicht in die Hoffnungslosigkeit seiner Prozeßsache. Am Vorabend seines einunddreißigsten Geburtstages schließt sich der Kreis. Zwei schmierenhaft wie Schauspieler oder abstoßende Tenöre aussehende Herren holen Josef K. ab, der in einem Steinbruch am Stadtrand mit einem Fleischermesser hingerichtet wird, nachdem er das Angebot zum Selbstmord nicht angenommen hat. Eine Geschichte mit tödlichem Ausgang.

Das Gericht. Schon diese geraffte Zusammenfassung des Handlungsablaufes läßt die eigentümliche Verschränkung von Realität und Unwirklichkeit, traumhafter Verfremdung und gewöhnlicher Alltäglichkeit erkennen. Dieser Eindruck verstärkt sich auch bei den Aussagen über das Gericht, weil sich zwischen Anspruch und Erscheinungsweise eine Vielzahl von Widersprüchen ergibt. Ist eine Grundaussage, daß die Behörde »von der Schuld angezogen« (P 11) wird, so deuten alle anderen Erklärungen an, daß dieses Gericht eine Hierarchie eigener Art ist, deren Spitze ins Unsichtbare reicht und damit einem an historischen und wirklichen Justizapparaten orientierten Denken entzogen ist. Gewisse Momente (Verhaftung, Verurteilung und Hinrichtung Unschuldiger) erscheinen allerdings konsequent im Sinne des auch geschichtlich belegten Gesetzesmißbrauches korrupter Justizsysteme, besonders solcher, die von politischer Macht abhängig sind. Stichworte wären etwa: Justiz im Faschismus, in totalitären Staaten, wie man denn immer wieder dies als die realistische, kritische Perspektive des Romans hervorgehoben hat. Zudem diente die Prüglerszene, als Beispiel grausamer Folterung, zur Untermauerung dieser These von der prophetischen Dimension Kafkas im Hinblick auf Zustände in Gesellschaftssystemen, wo der Mißbrauch der Staatsgewalt an der Tagesordnung ist.

Zeichnungen Kafkas (Wa 166).

Josef K.s verzweifelte Anklage am Ende erscheint wie das Echo eines solchen Aufbegehrens gegen ungerechte Justiz: »Wo war der Richter, den er nie gesehen hatte? Wo war das hohe Gericht, bis zu dem er nie gekommen war?« (P 194). Die in diesem Zusammenhang auffällig negative Erscheinungsweise des Gerichts, die ganze Fragwürdigkeit dieser Gerichtsorganisation, die ja auch Josef K. anklagend angeprangert hat, scheint verkommene Justizapparate zu symbolisieren, obwohl gerade religiöse und vor allem psychoanalytische Interpreten diesen Aspekt ins Positive gewendet haben. Theologisch gesehen, ist die Leugnung des höchsten Richters und die Sicht der Welt als eines abstoßenden Bereichs ein Zeichen des sündigen Menschen und seiner Schuld vor Gott. Für die Tiefenpsychologen ist das Unreine die Manifestation des von Josef K. verdrängten Teils seines Lebens, in der seine Ambivalenz gegenüber dem Sexuellen zum Ausdruck kommt.

Das Gesetz. Das Gericht ist die ausführende Instanz, die immer wieder das Gesetz zur Anwendung bringt. Unmißverständlich macht Kafka von Anfang an in der Verhaftungsszene deutlich, daß Josef K., der sich in einem

»Rechtsstaat« (P 9) wähnt, dieses »Gesetz« (P 11) nicht kennt, nach dem er verhaftet worden ist. Bis zum Ende wird dieses Gesetz, diese Gerichtsbarkeit nicht inhaltlich bestimmt oder erklärt, so daß sich der Widerspruch ergibt, daß Josef K. von einem verborgenen Gericht nach einem ihm unbekannt bleibenden Gesetz verhaftet und hingerichtet wird, ohne daß ein eigentliches Verfahren, ein Schuldnachweis erbracht wird. Dieses unbegreifliche Geschehen provoziert den Leser zu immer neuen Erklärungsversuchen.

Für alle dem Gericht Nahestehenden, aber auch die anderen Angeklagten scheint das Gesetz etwas Selbstverständliches, Unbezweifelbares zu sein, während Josef K. seine »Täuschungen« über das Gesetz und das Gericht eigens von dem Gefängnisgeistlichen in der berühmten Türhüterparabel, der Legende ›Vor dem Gesetz‹, erzählt und ›erklärt‹ werden. Dies erscheint wie ein Akt der Aufklärung.

Nach der Erzählung des unglückseligen Schicksals des Mannes vom Lande, der wie ein gutgläubiger, aber unwissender Landbewohner, wie der legendenhafte ›Am-ha'arez‹ jüdischer Überlieferung vor dem angeblich immer zugänglichen, dann vom Türhüter verwehrten, am Ende aber allein für ihn bestimmten Eingang zum Gesetz sein Leben mit vergeblichen Hoffnungen verwartet und verwirkt hat, erfolgt die Ausdeutung. Diese Auslegung der Parabel durch den Geistlichen und Josef K. ist ein Widerstreit und ein spitzfindiges Herumgeführtwerden im Kreise, ein der talmudischen Rabulistik entstammendes Klären, das aber zu keinen endgültigen Einsichten und Gewißheiten führt. So gelangt Josef K. zu der bezeichnenden Einsicht: »Die Lüge wird zur Weltordnung gemacht« (P 188). Aber zugleich bleibt das nicht sein ›Endurteil‹. In seinem Inneren, in seinem Denken gelangt Josef K. zu keiner verläßlichen Erkenntnis, man mag das auf seine Unfähigkeit, auf seine Gespaltenheit zurückführen. Man kann aber auch auf den Gegenstand verweisen, der sich einem logischen Zugriff zu entziehen scheint.

In diesem einzigartigen Auslegestreit (zwischen dem Geistlichen und Josef K.) prallt Meinung auf Meinung, steht

Position gegen Position, scheint vorweggenommen, was das Dilemma der Kafka-Interpretation geworden ist. Josef K. versteht das Verhalten des Türhüters grundsätzlich als Täuschung und willkürliche Handlung, und er verweist darauf, daß es dem Manne vom Lande »tausendfach« geschadet habe, dem Türhüter aber in keiner Weise. Vor dieser Kritik der Beamtenwillkür, die im Kern auf den verhängnisvollen Machtmißbrauch zielt, weicht der Geistliche zurück in eine Position angeblicher Unangreifbarkeit: Der Türhüter sei »doch ein Diener des Gesetzes, also zum Gesetz gehörig, also dem menschlichen Urteil entrückt« (P 188). Der hier erhobene Anspruch ist eindeutig: Das Gesetz ist über die menschliche Vernunft erhaben, keiner Verantwortlichkeit verpflichtet. Das Gesetz, kann man folgern, enthüllt sich als Machtprinzip.

Zu den Möglichkeiten, die der Mann vom Lande vielleicht aus seiner Unwissenheit heraus nicht wahrnimmt, gehört die Option, seine Freiheit zu gebrauchen. Denn anders als der Türhüter, der als Diener des Gesetzes zum Einhalten seiner Rolle als Beamter verpflichtet ist, könnte der Mann vom Lande umkehren und später einen erneuten Versuch machen. Die andere, oft erwogene Möglichkeit, an dem Türhüter vorbei ins Gesetz einzudringen, das Risiko der Auseinandersetzung mit der Türhüterhierarchie zu wagen, diese gleichsam revolutionäre Entscheidung käme einer Herausforderung gleich. Über die daraus entstehenden Folgen lassen sich nur ungenaue Spekulationen anstellen. Die freie Entscheidung zur Umkehr, zum möglichen späteren erneuten Versuch dagegen schließt das Risiko einer Auseinandersetzung mit der Macht und eine von der Parabel suggerierte sofortige Niederlage aus.

Eine bildliche Bestätigung des Machtprinzips liefert die Begegnung Josef K.s mit dem Gerichtsmaler Titorelli, der die drei Möglichkeiten des Verfahrensausgangs erläutert: noch nie eingetretener, aber denkbarer Freispruch, scheinbarer Freispruch und Verschleppung des Prozesses. Dem entspricht bei der Betrachtung eines der Richterbilder die im Hintergrund wahrnehmbare Darstellung der Göttin der Gerechtigkeit, die aber in gleitender und paradoxer Weise zur Siegesgöttin und dann zur Göttin der Jagd sich verändert (P 126). Aus der allegorischen Figur der Unbestechlichen hat sich unmerklich, aber eindeutig die Figur einer triumphierenden Verfolgerin entwickelt. Während die männlichen Vertreter der Gerichtssphäre die Allgegenwart des hierarchischen Autoritätsprinzips und der Strafinstanz zu repräsentieren scheinen, ist die Bedeutung der Frauenfiguren, von der Nachbarin, die aus dem gegenüberliegenden Fenster Josef K.s Verhaftung mitverfolgt, bis zur schillernden Darstellung mythologischer Wesen, wesentlich paradoxer.

Die Frauen. Die im ›Prozeß‹ erscheinenden Frauen spielen trotz ihrer untergeordneten Stellung und ihrer Abhängigkeit von den männlichen Figuren eine große Rolle in Josef K.s Auseinandersetzung mit dem Gericht. Während er vor seiner Verhaftung Frauen im allgemeinen, die weiblichen Familienmitglieder, darunter seine auf dem Lande lebende Mutter und auch die in die Stadt gezogene Kusine Erna, besonders vernachlässigt hat, ändert sich das mit dem Tag der Verhaftung. Josef K. sucht die Nähe zu Frauen, drängt sich an sie heran, weil sie ihm als »Helferinnen« wichtig erscheinen (P 95).

Außer seiner leiblichen Mutter, die Josef K. schon seit drei Jahren unter den verschiedensten Vorwänden nicht besucht hat, erscheint auch die Zimmervermieterin, Frau Grubach, als eine Mutterfigur. Beide Frauen sind durch eine liebevolle Zuneigung, aber auch naiven Unverstand charakterisiert. So sieht die im Alter sehr fromm gewordene Mutter in Josef K. irrtümlich und mit Hartnäckigkeit (»trotz Widerrede«) den »Direktor der Bank« (P 200), während Frau Grubach in einer K. sehr verärgernden Weise die Verhaftung für etwas »Gelehrtes« (P 22) hält. In beiden Fällen ist K.s Beziehung durch eine entsprechende Ambivalenz, durch Überlegenheitsgefühle und ausgeklügelte Nichtachtung charakterisiert.

Andere Mutterfiguren erscheinen Josef K. als Repräsentantinnen einer ihn anziehenden und zugleich abstoßenden Sexualität. Bei seinem Gang durch die Mietshäuser der Arbeitervorstadt beobachtet er: »Manche Frauen hielten

Säuglinge im Arm und arbeiteten mit der freien Hand auf dem Herd. Halbwüchsige, scheinbar nur mit Schürzen bekleidete Mädchen liefen am fleißigsten hin und her« (P 36). Anders erscheint K. die Waschfrau des Gerichtsdieners, die ihn pornographische Bücher im Sitzungssaal anschauen läßt (»... ein unanständiges Bild. Ein Mann und eine Frau saßen nackt auf einem Kanapee, die gemeine Absicht des Zeichners war deutlich zu erkennen«, P 48). Diese sich ihm anbietende Frau (»Sie können mit mir tun, was Sie wollen, ich werde glücklich sein«, P 51), die dem Studenten Berthold, »diesem scheußlichen Menschen«, zu Willen sein muß, repräsentiert im Roman ein vielfach aufgeteiltes Prinzip der Weiblichkeit, das sich als zärtlich fürsorgende Liebe, als körperliches Ausgebeutetsein durch männliche Besitzgier und als triebhafte Sexualität zu erkennen gibt. In der Figur der Leni findet diese Aufteilung des Weiblichen in die soziale Rolle (Mütterliches), in soziales Leiden (die vom Mann beherrschte Frau) und in anarchische Triebhaftigkeit (bei Kafka meist das angstmachende Tierische des Sexuellen) eine deutliche Verkörperung. Als Pflegerin des Advokaten Huld ist sie die Karitas spendende, mütterlich fürsorgende Frau, die aber auch Objekt der Begierde, der Inbesitznahme wird, obwohl sie selber zur Besitzergreifenden geworden ist, dabei von einem Männerhunger getrieben, der gefräßig sich äußert. Mit den Worten »Jetzt gehörst du mir« (P 96) erobert sie Josef K. Das Animalische an Leni wird von Kafka sinnbildlich auch dadurch hervorgehoben, daß sie ein körperliches Relikt wie aus einer frühen Evolutionsstufe der Menschheit, aus der Reptilienzeit, aufweist: Zwischen »Mittel- und Ringfinger ihrer rechten Hand« hat sie ein »Verbindungshäutchen fast bis zum obersten Gelenk der kurzen Finger« (P 96).

Josef K.s Annäherung an diese »Helferinnen«, sein Abgestoßenwerden vom Triebhaften lassen den Mangel an seelischer Beziehung, an emotionaler Bindung erkennen. In der Domszene warnt dann der Geistliche vor den Frauen, die nicht »die wahre Hilfe« seien, obwohl K. seinen Gegeneindruck behauptet und erklärt, das Gericht bestehe nur aus »Frauenjägern« (P 180).

Aus einer emanzipierten Perspektive erscheint Kafkas Darstellung des Weiblichen als eine Verzerrung und stark frauenfeindliche Sicht, die auch in die Nähe der Vorstellungen des Wiener Philosophen Otto Weininger (1880–1903) gebracht worden ist. Dessen Studie ›Geschlecht und Charakter‹ (1903) bestimmt die Frau vor allem als sexuelles Wesen und stellt sie in herabsetzender Weise dem Mann im Geschlechterkampf gegenüber.

Josef K.s Neigung, Begegnungen mit Frauen als Verführungen und damit Sexualität als vom Weiblichen ausgehende Verwerflichkeit zu erfahren, findet ihr Gegenstück in seinem Versuch der Annäherung an das Fräulein Bürstner, von dem er bezeichnenderweise nicht einmal den Taufnamen weiß. Er will sie aber nach seinen aufdringlichen und quälenden Vorspielen der morgendlichen Verhaftungsszene in plötzlicher Aufwallung in Besitz nehmen. Seine eigene Triebhaftigkeit kommt dabei in ihrer unbeherrschten, seelisch verkrampften Weise zum Ausdruck:

»[K.] lief vor, faßte sie, küßte sie auf den Mund und dann über das ganze Gesicht, wie ein durstiges Tier mit der Zunge über das endlich gefundene Quellwasser hinjagt. Schließlich küßte er sie auf den Hals, wo die Gurgel ist, und dort ließ er die Lippen lange liegen« (P 30f.)

Als einzige Frau des Romans steht Fräulein Bürstner nicht im Bann des Angeklagten Josef K. Ihre Antwort auf den nötigenden Überfall durch den zum »Tier« gewordenen Mann ist eine klare Absage. Sie ist eine Frau, die sich vor der männlichen Zudringlichkeit bewahrt. Indem sie Fräulein Montag als Beauftragte einsetzt, hält Fräulein Bürstner Abstand zu Josef K., der sich ihrer sicher wähnt und vor allem die Illusion hegt, sie sei nur ein »kleines Schreibmaschinenfräulein«, das ihm nicht lange Widerstand leisten sollte« (P 72). Sie ist zugleich ein Beispiel für die eigentümliche Schuld Josef K.s, wenn man sein selbstbezogenes Verhalten als ein Versagen und Verfehlen ansieht.

Die Schuld. Was die Schuldfrage im ›Prozeß‹ angeht, so stehen sich Josef K. und das unsichtbare Gericht (mit all seinen Repräsentanten) als Kontrahenten gegenüber. Mei-

Felice Bauer und Franz Kafka, zweites Verlobungsbild, 1917 (Wa 191).

nung steht hier gegen Meinung, weil kein kodifizierter Gesetzestext zur Beweisführung, zur Wahrheitsfindung, zum Urteilsspruch vorgelegt wird. In Josef K.s Begriffen von seiner Unschuld lautet das so:

»Ich bin aber nicht schuldig [...]; es ist ein Irrtum. Wie kann ein Mensch überhaupt schuldig sein. Wir sind hier doch alle Menschen, einer wie der andere« (P 180).

Das ist von dem Bankprokuristen im Sinne seines Normalverständnisses gesprochen, das aber nicht mehr im rechtsstaatlichen Sinne von einer Gesetzesübertretung redet oder sie leugnet. Die Formulierung scheint sich auf einen anderen Schuldbegriff, auf ein anderes Schuldbewußtsein und damit auf ein anderes Leugnen zu beziehen. Es ist ein Schuldigwerden angedeutet, das mit dem Menschsein, mit der Unzulänglichkeit des Menschen zusammenhängt. Der tiefere Sinn für diese Schuldmöglichkeiten im Bereich des Ethischen aufgrund der Verfehlungen gegenüber seinen Mitmenschen und die Einsicht in die im menschlichen Fühlen und Denken existierenden Gewissensinstanzen, diese innere Stimme des Zweifels an der absoluten Richtigkeit des eigenen Verhaltens ist in Josef K. kaum erst erwacht. Seine Unkenntnis einerseits, seine selbstgerechte Einstellung andererseits verbauen ihm die naheliegende ethische Überprüfung seiner Handlungsweisen.

Die Willigkeit, mit der Josef K. sich am Ende abführen läßt, die Tatsache, daß er noch einmal das Fräulein Bürstner auf seinem Weg zur Hinrichtung zu erblicken vermeint, das Schamgefühl angesichts seines Sterbenmüssens wie ein Hund, diese Aspekte verstärken im Leser den Eindruck, daß Josef K. den Beginn einer inneren Sinneswandlung, einer anhebenden inneren Erkenntnis noch miterlebt: Es scheint die Einsicht zu sein, daß sein Leben, wie er es gelebt hat, einer Rechtfertigung bedarf. Eine Andeutung in dieser Hinsicht ist die von K. geplante, aber unfertige »Eingabe« (P 180), eine Art umfassender Rechtfertigung seines Lebens.

Die Frage, ob Josef K.s keineswegs so herausragende menschliche Unzulänglichkeit wirklich seinen Tod rechtfertige, stellt für alle, die von der Literatur ein Angebot erwarten, eine Herausforderung für ihr eigenes Leben dar. Diese Frage wird zu einem Motor, das Werk immer wieder neu auf seinen Sinn hin zu befragen. Weil es sich um eine ins Persönliche gehende Ermessensfrage handelt, läßt sie sich nicht vorschreiben. Kafka hat Josef K. als Schuldigen verurteilt. Aber das hat biographische Gründe.

Hier schließt sich der Kreis von Werk und Leben, Roman und Biographie. Kafka war von seiner Schuld im Entlobungsprozeß mit Felice überzeugt. In seiner Darstellung des Lebens von Josef K., der aus dem Normalleben herausgerissen und mit übergeordneten ethischen Prinzipien konfrontiert wird, ist die Schuldfrage das entscheidende Mittel, die in den Köpfen der Menschen und durch die Menschheitsgeschichte hindurch entwickelten Anschauungen und Vorstellungen von Schuld und Sühne auf brisante Weise als Konfliktthema greifbar zu machen.

Als Künstler ist Kafka im ›Prozeß‹ etwas Unwiederholbares gelungen: Er hat eine Geschichte erfunden, die durch ihre Verschränkung des Realen mit dem Unwägbaren, durch ihren intensiven Appellcharakter, durch eine außerordentliche Klagegeste den Leser gefangennimmt. Über diese ›Verhaftung‹ des Lesers notiert Kafka, daß das »Beste«, das er geschrieben hat,

»in dieser Fähigkeit, zufrieden sterben zu können, seinen Grund hat. An allen diesen guten und stark überzeugenden Stellen handelt es sich immer darum, daß jemand stirbt, daß es ihm sehr schwer wird, daß darin für ihn ein Unrecht und wenigstens eine Härte liegt und daß das für den Leser, wenigstens meiner Meinung nach, rührend wird. Für mich aber, der ich glaube, auf dem Sterbebett zufrieden sein zu können, sind solche Schilderungen im geheimen ein Spiel, ich freue mich ja in dem Sterbenden zu sterben, nütze daher mit Berechnung die auf den Tod gesammelte Aufmerksamkeit des Lesers aus, bin bei viel klarerem Verstande als er, von dem ich annehme, daß er auf dem Sterbebett klagen wird, und meine Klage ist daher möglichst vollkommen, bricht auch nicht etwa plötzlich ab wie wirkliche Klage, sondern verläuft schön und rein. Es ist so, wie ich der Mutter gegenüber immer über Leiden mich beklage, die bei weitem nicht so groß waren, wie die Klage glauben ließ. Gegenüber der Mutter brauchte ich allerdings nicht so viel Kunstaufwand wie gegenüber dem Leser« (T 326f.).

Diese aufschlußreiche Stelle, geschrieben im Anschluß an Kafkas »Glücksgefühl« nach der Abfassung seiner Auslegung der Legende ›Vor dem Gesetz‹, läßt erkennen, wie das Schreiben ein kunstvoller Mitteilungsvorgang ist, bei dem der Leser in die Rolle eines verständnisvollen Zuhörers, der auf die Klagen entgegenkommend reagieren soll, gedrängt wird. Kunst, das ist die tiefere Erotik dieser Stelle, ist eine umwundene Bitte um Erhörtwerden, ein Erheischen liebevoller Aufmerksamkeit und Zuwendung, eine Aufforderung an den Empfänger, die Rolle des Trösters zu übernehmen. Vielleicht erklärt das in vielem die Uneigentlichkeit und das Eigentümliche der Kafkaschen Welt: Aus Mangel an direkter, echter Gefühlsäußerung verdreht sich die innere Welt unter dem Zwang der Selbstzensur und der Kunstbesessenheit in ein Gestrüpp widersprüchlichster Signale, die selten nur die zugrunde liegende

Franz Kafka, 32 Jahre alt (1915/ 16) (Wa 218).

seelische Not greifbar machen. Die literarische Rede ist also einerseits Entwurf des Wirklichen in seiner unwirklichen Gestalt; zugleich ist sie ein Liebeswerben, denn auch die Kafkasche Klage wirbt um Liebe.

5 **Das Peinliche der Zeit: ›In der Strafkolonie‹ (1914)**
Noch vor der Türhüterlegende hat Kafka im Oktober 1914 seine große Strafphantasie fertiggestellt. Blieb im ›Prozeß‹ das Gesetz seinem Inhalt nach unbestimmt, so zeigt die ›Strafkolonie‹ den Inhalt des Gesetzes als Gerechtigkeits-
10 idee und das Wirken des Gesetzes als Marter bei der Anwendung im Strafprozeß.
Die Erzählung behandelt in den Ausführungen des französisch sprechenden Offiziers gegenüber dem aus Europa stammenden Forschungsreisenden eine charakteristisch
15 zweigeteilte Welt, deren Vorgeschichte durch das strenge autokratische Regime des alten Kommandanten bestimmt wird. In der Folge wurde es abgelöst von der dekadent erscheinenden Welt des neuen Kommandanten, verachtet und beklagt von dem Offizier, der die beispiellose Zucht,
20 Disziplin, die Großartigkeit der alten, rituell gehandhabten Hinrichtungen vermißt. Als Anhänger und Erbeverwalter dieser vergangenen Welt beschwört der Offizier in selbst-

vergessener Weise die Arbeit der Hinrichtungsmaschine als verklärendes Inerscheinungtreten der Gerechtigkeit selber. In dem in »europäischen Anschauungen« befangenen Reisenden vermutet er aus guten Gründen einen »Gegner der Todesstrafe« und »einer derartigen maschinellen Hinrichtungsart« (E 112). Seine Befürchtung geht dahin, daß dieser vom Kommandanten herbestellte Reisende die Abschaffung dieser Hinrichtungsweise aus Gründen der Unmenschlichkeit des alten Verfahrens nahelegen wird. Während das kunstvolle Darstellungsvermögen und die Überredungskünste des Offiziers auf ein Eingarnen des Reisenden gerichtet sind, weil der Beobachter für die alte Vorstellungswelt eingenommen werden soll, produziert das Geschehen, die Probe aufs Exempel, nicht den versprochenen Ausgang: Statt der angesetzten Hinrichtung demonstriert der Offizier dem Reisenden, der sich zum »Gegner des Verfahrens« (E 116) erklärt, die Wirkungsweise der Maschine, indem er sich selber auf die Egge legt. Es kommt aber nicht zu dem angekündigten und gepriesenen Arbeiten der Gerechtigkeitsmaschine in einem zwölfstündigen Schreibprozeß, der den Urteilsspruch in die Haut hätte einschreiben sollen. Sondern die Maschinerie zerfällt, geht »in Trümmer«; aus der strafenden Folter wird »unmittelbarer Mord«, und als abschließender Eindruck bleibt dem Reisenden: »kein Zeichen der versprochenen Erlösung war zu entdecken« (E 121).

Der Reisende, nachdem er das Grab des alten Kommandanten besucht und die Prophezeiungen seiner Wiederkehr vernommen hat, verläßt daraufhin die Insel. In einer drohenden Schlußgeste verwehrt er dem Soldaten und dem Verurteilten, sich ihm anzuschließen. Offensichtlich bleibt er seinem Unbeteiligtsein als Beobachter treu, obwohl sich der Eindruck aufdrängt, daß hier ein Mangel im Sinne notwendigen menschlichen Eingreifens vorliegt. Kafka war mit dem Schluß der Erzählung so unzufrieden, daß er noch bis ins Jahr 1916 hinein verschiedene Varianten versucht hat, ohne eine neue, abschließende Version zu finden.

Die Detailbesessenheit und erschreckende Sachlichkeit in der Schilderung des unmenschlichen Strafverfahrens und der ausnahmslos grausamen Hinrichtungsmaschinerie entsetzte schon die Zuhörer der öffentlichen Lesung, die Kafka 1916 in München gab. Abgesehen davon, daß verschiedene Anwesende ohnmächtig aus dem Saal getragen werden mußten, war die Lesung auch im Presseecho ein Mißerfolg.

Das überwältigend Abstoßende dieser Erzählung hängt nicht zuletzt mit der Erzählerfigur, dem fanatisierten Offizier, zusammen. Seine Untergebenenmentalität färbt alle Aussagen im Lichte einer verblendeten Voreingenommenheit. Aber das Erzählte selbst, der Anspruch des Erlösungsgedankens und die grausame Wirklichkeit des Mordgeschehens, errichtet wieder Positionen, die miteinander in Widerstreit treten. Die Maschine zerstört sich, als sie den Richtspruch »Sei gerecht« ausführen soll. Die Gerechtigkeitsdemonstration fällt negativ aus.

Anders als der ›Prozeß‹ erlaubt die ›Strafkolonie‹ durch die Gegenwart des beobachtenden Reisenden eine größere Objektivität im Widerstreit der Positionen. Auch ist seine Verurteilung des Verfahrens, seine Gegnerschaft gegenüber dieser Unmenschlichkeit unmißverständlich, obwohl sein Schlußverhalten gewisse Zweifel an seinen Überzeugungen und Handlungen aufkommen läßt.

Zwei zentrale Aspekte lassen sich herausgreifen, weil sie zu einer grundsätzlichen Entscheidung beim Leser führen. Das eine ist die Aussage des Offiziers: »Die Schuld ist immer zweifellos.« Die Fragwürdigkeit dieser Behauptung ergibt sich aus der Erzählung des Falles:

»Sie wollten diesen Fall erklärt haben; er ist so einfach, wie alle. Ein Hauptmann hat heute morgen die Anzeige erstattet, daß dieser Mann, der ihm als Diener zugeteilt ist und vor seiner Türe schläft, den Dienst verschlafen hat. Er hat nämlich die Pflicht, bei jedem Stundenschlag aufzustehen und vor der Türe des Hauptmanns zu salutieren. Gewiß keine schwere Pflicht und eine notwendige, denn er soll sowohl zur Bewachung als auch zur Bedienung frisch bleiben. Der Hauptmann wollte in der gestrigen Nacht nachsehen, ob der Diener seine Pflicht erfülle. Er öffnete Schlag zwei Uhr die Tür und fand ihn zusammengekrümmt schlafen. Er holte die Reitpeitsche und schlug ihm über das

Gesicht. Statt nun aufzustehen und um Verzeihung zu bitten, faßte der Mann seinen Herrn bei den Beinen, schüttelte ihn und rief: ›Wirf die Peitsche weg, oder ich fresse dich.‹ – das ist der Sachverhalt« (E 105).

Im militärischen Sinne liegt hier ein Disziplinarverstoß vor. Dieser Ungehorsam des Untergebenen wird aber nicht einer geltenden Disziplinarordnung entsprechend behandelt, weil keine Befehlsgewalt ausgeübt wird (Wecken durch Anruf), sondern es erfolgt eine sofortige Körperstrafe. Nach soldatischem Recht macht der Untergebene von seinem Widerstandsrecht Gebrauch. Gegenüber einer solchen Analyse des Falles verschiebt Kafka die Erzählung, weil er nicht im Rahmen militärischer Disziplin bleibt, sondern eine ältere und ungeregeltere Beziehung, das Herr-Knecht-Verhältnis, darstellt. In einem charakteristischen Wörtlichnehmen des Metaphorischen wird der wie ein Tier Behandelte zum Tier, das seinem Herrn mit dem »Fressen« droht. Es ist die Auflehnung des seiner Menschlichkeit verlustig Gegangenen.

Der Aspekt von Naturrecht und Menschenwürde, der sich hier so besonders deutlich zeigt, wird verstärkt durch die Betrachtung des eigenartigen Dienstes, der verlangt wird. Die zu erfüllende Pflicht besteht darin, stündlich zu salutieren. Das Unsinnige dieses Dienstes, der Disziplin um der Disziplin willen abverlangt, wird greifbar, wenn als Begründung die »Bewachung« genannt wird. Das sture, automatische Salutieren läßt sich nur als fehlplazierte Ehrbezeugung verstehen, von einer eigentlichen Überwachung oder einer Sicherheitskontrolle ist da nichts zu erkennen. Dieser Dienst ist – im Kafkaschen Sinne – sinnlos, die Behandlung des Falles durch den Hauptmann kein militärisch richtiges, sondern ein unmenschliches, weil herrisches Verhalten. Im Kern der ›Strafkolonie‹ steht die Thematik von Herr und Knecht, von Herrschaft und Ausbeutung, von Macht und Auflehnung und ihre historische Kontinuität. Verwundert es, daß diese Erzählung in den Anfangsmonaten des Ersten Weltkrieges geschrieben ist und daß Kafka von dem Peinlichen seiner Zeit gesprochen hat (Br 150)?

›Arbeiter-Unfall-Versicherungs-Anstalt für das Königreich Böhmen‹ in Prag, Kafkas Dienstgebäude bis 1922 (Wa 117).

5. Die Wunde Leben (1917)

Eine Krankheit zum Tode

Die großen Schreibanstrengungen der literarischen Strafübungen des Jahres 1914 führen im Folgejahr zur Ermattung. Bis auf Ansätze, Bruchstücke versiegt das Schreiben: »Vollständige Stockung. Endlose Quälereien« (T 336). So vermeldet das Tagebuch.

Vom Militärdienst zurückgestellt wegen Unentbehrlichkeit in der Anstalt, faßt Kafka verschiedentlich den Plan, Soldat zu werden – ein Ausweg aus seinem ihm verfehlt erscheinenden Leben. So notiert er Ende 1915 in der Rück-

schau auf die große Wende, die nicht zum Ausbruch aus Prag geführt hatte: »Wäre ich 1912 weggefahren, im Vollbesitz aller Kräfte, mit klarem Kopf« (T 356).
Versiegt die Produktion, so wendet sich Kafka stärker der Lektüre zu. Er liest die frauenfeindlichen Werke August Strindbergs, wenn auch nicht vorbehaltlos, sich besonders für die Ehethematik interessierend. Gleichzeitig findet er Gelegenheit, die in Prag vor dem Kriegsgeschehen ausweichenden ostjüdischen Flüchtlinge näher zu beobachten und seine idealisierende Vorstellung vom Volksganzen weiterzubilden, wobei sich unweigerlich ein Wunschtraum einstellt:

»Wenn man mir freigestellt hätte, ich könnte sein, was ich will, dann hätte ich ein kleiner ostjüdischer Junge sein wollen im Winkel des Saales, ohne eine Spur von Sorgen, der Vater diskutiert in der Mitte mit den Männern, die Mutter, dick eingepackt, wühlt in den Reisefetzen, die Schwester schwätzt mit den Mädchen und kratzt sich in ihrem schönen Haar. [...] es ist *ein* Volk« (M 168f.).

Mutet diese Familienidylle kindlich-naiv an, so hebt sie doch Kafkas eigene, unglückselige Bindung an seine Familie heraus. Das »Feindliche in seinen Eltern«, die »Verbindung mit der Gesamtfamilie« (F 730) – für Kafka ist es etwas Mörderisches und zur Verzweiflung Treibendes:

»Weil ich förmlich vor meiner Familie stehe und unaufhörlich die Messer im Kreise schwinge, um die Familie immerfort und gleichzeitig zu verwunden und zu verteidigen« (F 731).

Gerade in der Familienbindung sieht Kafka das entscheidende Hindernis, sein »unendliches Verlangen nach Selbständigkeit, Unabhängigkeit, Freiheit nach allen Seiten« (F 72) zu verwirklichen.
Der Weg, selbständig zu werden, besteht für Kafka zu dieser Zeit in verhängnisvoller Weise gerade wieder in einem erneuten Versuch einer Ehe mit Felice, also der Gründung einer Familie. So bleibt der Dauerkonflikt mit dem anderen Selbständigkeitsstreben, dem Schreiben. 1916 kommt es zu mehreren Treffen mit Felice, in Karls-

bad, in Marienbad (die »schmerzvolle Grenzdurchbrechung« des Beisammenseins mit ihr, das ihn dennoch »glücklich« [F 663] macht) und in München. Während er beruflich sich besonders in der Kriegsbeschädigtenfürsorge (Betreuung nervenkranker Kriegsinvaliden) auszeichnet, betreibt Kafka die zweite Verlobung (Juli 1917), die zur erneuten Wohnungssuche und zum Kauf von Möbeln führt.

Aus der wiederum drohenden Zwangslage ›Ehe‹ wird Kafka durch den Ausbruch seiner Krankheit befreit. Mehrfach hat er, ohne die Anzeichen seiner späteren Lungenkrankheit zu erkennen, schon Blut gespuckt, hat er über seine »Schultern hinweg die Krallenhände der Sirene in [seiner] Brust« (T 385) gespürt. Da erleidet er in der Nacht vom 12. auf den 13. August 1917 einen Blutsturz, worauf die Bedienerin am nächsten Morgen zu ihm sagt: »Herr Doktor, mit Ihnen dauert's nicht mehr lange« (M 8).

Die Tuberkulose schafft eine Wende. Kafka nimmt einen längeren Erholungsurlaub, zieht zu seiner eine Landwirtschaft betreibenden Schwester (ein Befreiungsversuch aus der Familie) nach Zürau aufs Land. Mit dem Entschuldigungsgrund Krankheit läßt sich jetzt die zweite Verlobung auflösen. Die »Lungenwunde« wird als »Erleichterung« (Br 159) verstanden; sie ist für Kafka zugleich »Sinnbild« für eine andere »Wunde, deren Entzündung F[elice] und deren Tiefe Rechtfertigung heißt« (T 386). In seiner Grübelei kommt Kafka zu dem Schluß, es habe eine lange, heimliche Vorbereitung, eine Art Verschwörung vorgelegen:

»Manchmal scheint es mir, Gehirn und Lunge hätten sich ohne mein Wissen verständigt. ›So geht es nicht weiter‹ hat das Gehirn gesagt und nach fünf Jahren hat sich die Lunge bereit erklärt, zu helfen« (Br 161).

Kafka schiebt seine Erkrankung nicht auf das in Prag zu seiner Zeit sehr häufige Auftreten der Tuberkulose, auch nicht auf seine die körperliche Widerstandskraft schwächende Lebensweise und die seelischen Spannungen. Sondern er sieht, nach dem Muster seiner literarischen Kon-

Ottla, Franz Kafkas Lieblingsschwester (Wa 209).

fliktlösungen wie bei Raban und Gregor Samsa – wo Selbstverwandlungen vorzuliegen scheinen, die Erkrankungen gleichkommen –, in seiner Krankheit eine Art Lebenshilfe, die ihn aus der Zwangssituation einer nicht zu bewältigenden Konfliktzuspitzung befreit. Es ist bezeichnend, daß er bei Ottla, der Schwester, auf dem Lande »in kleiner guter Ehe« (Br 165) zu leben glaubt, als gäbe es »kein behaglicheres und vor allem kein freieres Leben als auf dem Dorf, frei im geistigen Sinn, möglichst wenig bedrückt von Um- und Vorwelt« (Br 181).

Das Landleben, dem sich Kafka auch tätig im Garten und bei kleineren Arbeiten hingibt, bietet ihm Einblick in eine andere Welt und Existenzweise, die ihm bislang verschlossen geblieben ist. In bezeichnender Weise notiert er:

»Allgemeiner Eindruck der Bauern: Edelmänner, die sich in Landwirtschaft gerettet haben, wo sie ihre Arbeit so weise und demütig eingerichtet haben, daß sie sich lückenlos ins Ganze fügt und sie vor jeder Schwankung und Seekrankheit bewahrt werden, bis zu ihrem seligen Sterben. Wirkliche Erdenbürger« (T 390).

Umwelt und Vorwelt und die bisherige Lebenswelt aber, das ist es, was Kafka vor und nach seiner krankheitsbedingten Wende in dieser Zeit auf neue Weise im Schreiben darzustellen versucht. Vorangegangen waren nicht unbeträchtliche Erfolge im Veröffentlichen. Unter den Erstveröffentlichungen des Jahres 1915 befinden sich die Legende ›Vor dem Gesetz‹, ›Die Verwandlung‹, woran sich Buchausgaben der ›Verwandlung‹, des ›Urteils‹ anschließen mit zweiten Auflagen des ›Heizers‹ und der ›Betrachtung‹, ausgelöst durch die Weitergabe des Fontane-Preises an Kafka durch Carl Sternheim im November 1915.

In dem berühmt gewordenen kleinen Häuschen in der Alchimistengasse, das sich auf dem Hradschin an die Schloßmauer schmiegt, führt Kafka im Winter 1916/17 ein inselhaftes nächtliches Schreibleben, wobei er in der parabelhaften kleineren Erzählkunst zu den paradoxen Gleichnissen seiner Lebens- und Daseinsanschauungen gelangt. In der dörflichen Idyllik Züraus geht er dem Sinn der menschlichen Existenz in ihrer Entwicklung seit der Vorwelt in aphoristischen Betrachtungen nach. Es ist, in Erahnung und Begegnung mit der Krankheit zum Tode, ein Versuch, Summe zu ziehen, das Wesen des Seins zu erfassen.

Rechtfertigung: ›Ein Landarzt‹. Erzählungen (1917)

In der Abgeschiedenheit und winterlichen Stille des Prager Schloßberges entsteht 1916/17 Kafkas kleinere Prosa. Sie ist nach den Erzählungen der Lebenswende und den großen epischen Konfliktbewältigungen (größere Versuche wie ›Der Dorfschullehrer‹, 1914, und ›Blumfeld, ein älterer Junggeselle‹, 1915, blieben unvollendet) eine Konzentration auf das Gleichnishafte in seiner paradoxen Gestalt. Es sind Parabeln ohne den lehrhaften Sinn des biblischen Gleichnisses, weil sich aus dem Erzählten kein anwendbarer Sinn ablöst. Vielmehr umkreisen die Erzählungen und bildhaften Reflexionen das Dunkle, Widersprüchliche, die unauflösbare Verklammerung von Bedeutung und Sinnentzug, die Verbindung von Unerklärlichem und Verstehbarem.

Die meisten der so entstandenen Stücke faßte Kafka in dem Band ›Ein Landarzt‹ (1919) zusammen, den er seinem Vater widmete, dessen achtloses »Leg's auf den Nachttisch« (H 148) den Dichter tief verletzte. Die Widmung und der brieflich gebrauchte Begriff »Verantwortung« (Br 302) lassen einen Hauptaspekt dieses Schreibens, die Rechtfertigung, hervortreten.

Solche Verantwortungssuche gegenüber dem Leben äußert sich auch als Kritik gegenüber dem Schreiben und Geschriebenen. Beispiel dafür sind Kafkas literarische Mystifikationen. So meint das Stück ›Elf Söhne‹ (E 140–44) »ganz einfach elf Geschichten« aus dem Band. Kafka führt die Metapher der literarischen Vaterschaft noch weiter, indem er in ›Die Sorge des Hausvaters‹ (E 139f.) seine selbstkritische Einstellung gegenüber der unbefriedigenden Erzählung ›Der Jäger Gracchus‹ und ihrer Fragmente wiedergibt (vgl. Ky 17ff.). Gerade diese letzte Mystifikation zeigt die Doppelfunktion des literarischen Textes als fixierte Privatbedeutung und als Autor-Leser-Diskurs. Denn die Ausklammerung der Mystifikation macht die ›Sorge des Hausvaters‹ zu einer verallgemeinerten Aussageabsicht, deren Deutung zu einer Umkreisung des rätselhaften Dinges Odradek führt. Von dieser flachen sternartigen Zwirnspule, die aber nicht nur eine Spule ist, sondern auch »wie auf zwei Beinen aufrecht stehen« kann, heißt es: »[...] das Ganze erscheint zwar sinnlos, aber in seiner Art abgeschlossen.« Von diesem seltsamen, ungreifbaren Wesen geht eine Beunruhigung aus, die dem Hausvater ebenso Sorgen macht wie dem ernsthaft bemühten Interpreten, auch ohne Kenntnis des privaten Mystifikationsspiels.

Den Leser mit Paradoxien zu überraschen, ihn zu verunsichern, wird Kafka nicht müde. Im ersten Stück des ›Landarztes‹ hat er das historisch belegte Streitroß des Feldherrn Alexander von Mazedonien gleichsam in Anlehnung an die metaphorische Sprechweise vom »Amtsschimmel« in einen »neuen Advokaten« verwandelt. Diese Zwittergeburt von Kafkas literarischem Humor läßt ihren Ernst gleich erkennen, wenn es im Hinblick auf die »heutige Gesellschaftsordnung« heißt: »Zu morden verstehen zwar manche [...], aber niemand, niemand kann nach Indien führen« (E 123). In offensichtlichem Widerspruch zur historischen Tatsache, daß Alexander der Große bis nach Indien gelangte, be-

hauptet Kafka, schon damals seien »Indiens Tore unerreichbar« gewesen. Nimmt man den Rat hinzu, sich wie Buzephalus »in die Gesetzbücher zu versenken«, so scheint Kafka dem Leser nahezulegen, daß angesichts damaliger
⁵ und heutiger Ziellosigkeit und mörderischer Weltordnung die kriegerisch entarteten Zeitverhältnisse zu verabscheuen seien. Ein Kommentar zum Ersten Weltkrieg? In dem Augenblick, wo man den Text so festzulegen sich anschickt, muß man sich auf die Kritik gefaßt machen, Kafkas Texte
¹⁰ und ihre Bedeutungen ließen sich in keiner Weise auf konkrete historische Verhältnisse beziehen oder gar anwenden. Worauf man entgegnen kann, die Anwendung beträfe nur die in den konkreten Situationen sich wiederholende Struktur der negativen Verhältnisse, dieses in allen Ge-
¹⁵ schichtsepochen zu findende Peinliche der Zeit.
Die Titelerzählung ›Ein Landarzt‹ beginnt mit einer großen ›Verlegenheit‹ und endet mit einem erschütternd eindringlichen Klageruf: »Betrogen! Betrogen! Einmal dem Fehlläuten der Nachtglocke gefolgt – es ist niemals gutzuma-
²⁰ chen« (E 128). Hinter dieser Einmal-Niemals-Struktur verbirgt sich eine außerordentlich betroffen machende, komplexe literarische Rede von einer Persönlichkeitskrise, die als unabwendbares Verhängnis zur Darstellung gelangt. Überwältigtsein und Verzweiflung, es sind hier zugespitzte
²⁵ Schreibklagen, die von den früheren Familiengeschichten weit entfernt zu sein scheinen, obwohl auch in diesem Fall die Kafkasche Familiensituation durch das eigentümliche Schneegestöber der fremdartigen Traumsymbolik hindurchscheint. Jedes dieser symbolischen Zeichen übt eine
³⁰ große suggestive Wirkung und die Verlockung aus, sie in die Normalsprache oder in eine verständlichere Sprache der Religion, der Philosophie, der Psychoanalyse, der Sozialpsychologie und nicht zuletzt der literarischen Interpretation zu übersetzen.
³⁵ Will man den Interpreten glauben, so hat Kafka im ›Landarzt‹ eine Mystifikation besonderer Art, eine Verschlüsselung ganz eigentümlicher Prägung geschaffen, die allein durch Entzifferung der Symbolik erarbeitet und erkannt werden könne. Diesem Verfahren, das Symbolgeflecht und

das Metaphernknäuel in seinem Anspielungsreichtum aufzudecken, kann hier schon aus Raumgründen nicht nachgegangen werden. So geht es jetzt nicht darum, die verwirrende und widersprüchliche Signalhaftigkeit der dichterischen Zeichen im einzelnen aufzulösen. Als Beispiel dafür wären die beiden Pferde zu nennen, die sowohl irdisch als auch unirdische Erscheinungen sind, oder die Anspielungen auf das Wagenlenkermotiv Platons oder das Pegasusmotiv (gleichbedeutend mit Inspiration). Man könnte auch im Sinne Freudscher Triebstruktur vom Libido-Aspekt und von seiner Sublimationsform sprechen oder bei der Wunde, weil sie auf der rechten Seite ist, an die Wunde Jesu erinnern, zugleich aber auch vom Kastrationszeichen reden.

Hier wird der Vorschlag gemacht, ›Ein Landarzt‹ im Sinne einer literarischen Rede zu verstehen, die den Leser vor allem zum Zuhörer macht, der einen heimgesuchten Menschen, dessen Verhängnis sehr ergreifend ist, mit der ganzen Kraft verständiger Aufnahmebereitschaft verstehen will. Es geht also zunächst um das Nachvollziehen eines vom normalen Sprechen so grundverschiedenen Redens über ein traumatisches Erlebnis.

Der Landarzt, seinem Selbstverständnis, seinen Klagen nach, ist ein in jeder Hinsicht überforderter Mensch. Es ist vor allem sein Beruf, er ist als Arzt vom Bezirk angestellt, der seine Kräfte aufzehrt. Nicht ohne Selbstmitleid betont er seine Pflichtausübung »bis zum Rand, bis dorthin, wo es fast zu viel wird«. Es ist aber nicht nur das Ausmaß der Arbeit, sondern der Landarzt fühlt sich »unnötig bemüht«, der ganze Bezirk »martert« ihn mit der Nachtglocke. Unter diesen unberechtigt erscheinenden Anforderungen findet er es schwierig, sich mit den Leuten zu »verständigen«. Ein unverstandener Mann also, der sich zudem plötzlich einer Krise gegenübersieht. Durch den Tod seines Pferdes befindet er sich in der Klemme, die er als große »Verlegenheit« empfindet. Denn wie soll er angesichts seiner aussichtslosen Lage – er hält es für ausgeschlossen, daß Rosa, sein Mädchen, von den Leuten des Dorfes ein Pferd wird ausleihen können – seinem Beruf jetzt nachkommen, besonders da durch die Nachtglocke ein Notruf ergangen ist, zu einem

Schwerkranken zu kommen? An diesem Punkt hört der ›realistische‹ Teil auf, fängt die ›unerhörte Begebenheit‹, das ›Wunderbare‹ an. Denn, um den Landarzt zu zitieren: »in solchen Fällen helfen die Götter« (E 125). Der Landarzt sagt es »lästernd«, und als Verspottung einer irgendwie noch göttlich gemeinten Ordnung empfindet man auch diesen Ausspruch.

Mit dem Erscheinen der Pferde aus dem Schweinestall, mit der von dem fremden Pferdeknecht plötzlich erzwungenen Abreise des Landarztes, der sein Dienstmädchen Rosa dem Ansturm des wild gewordenen Knechtes überlassen muß, ist eine Dramatik des Elementar-Natürlichen, des Triebhaften deutlich, die gerade von den tiefenpsychologischen Interpreten plausibel gemacht worden ist. In atemberaubender Weise geht es zu dem Patienten, dem sterben wollenden Jungen. Aber bevor der Landarzt seinem Verlangen, Rosa zu retten, folgen kann, wird er schon von der Familie zum Bleiben genötigt. Prompt findet er auch den jungen Patienten gesund. Man bekommt den Eindruck, daß er diese Diagnose nur macht, um möglichst schnell, nämlich sofort, wieder heimkehren zu können. Den Kafka-Leser verwundert es wohl kaum, daß sich der Landarzt doch nicht aus diesem Familienverband herausreißen kann. Ebensowenig verwundert es, daß in diesem Augenblick die Klagen des Landarztes sich verstärken, daß er sich abgrenzen will gegenüber Aufgaben, für die er sich unzuständig erklärt: »Ich bin kein Weltverbesserer.« Auch nach der unwirschen Zurückweisung der Familienerwartungen – nur »Spitzfindigkeiten« halten den Landarzt davon zurück, »auf diese Familie loszufahren« – findet er sich erst bereit, die (Fehl-)Diagnose zu ändern, nachdem die Schwester das blutige Handtuch als Zeichen der Krankheit vor ihm geschwenkt hat.

Aber schon vorher, mitten in seinem Leugnen der Krankheit des Jungen, hat der Landarzt den eigentümlichen Satz einer verborgenen Erkenntnis mitgeteilt: »Noch für Rosa muß ich sorgen, dann mag der Junge recht haben und auch ich will sterben.« Dieser Sterbewunsch, der so unvermittelt kommt, bildet gleichsam den Untergrund der Rede des

Landarztes. Nicht nur findet er den Jungen jetzt krank, er entdeckt auch die eigentümliche Wunde, die ihm ein erstaunliches Leben in ihrem Innern offenbart, daß er darauf reagiert wie auf eine unvermutet eintretende, aber insgeheim erwartete Überraschung: »Wer kann das ansehen ohne leise zu pfeifen?« Diese Wunde in der Hüftgegend wird auch eine »Blume« genannt, an der der Junge zugrunde gehen wird. Die Rede des Landarztes hat sich jetzt in eine entschieden symbolische Sprache verwandelt, die einer weiteren Überhöhung zustrebt. Den unvermutet ausgesprochenen Wunsch nach Rettung des Jungen wehrt der Arzt mit dem Hinweis auf sein Überfordertsein (»Immer das Unmögliche vom Arzt verlangen«) und seine Unzuständigkeit ab. Dabei verschiebt der weitere Hinweis (»Den alten Glauben haben sie verloren; der Pfarrer sitzt zu Hause und zerzupft die Meßgewänder, eines nach dem andern; aber der Arzt soll alles leisten mit seiner zarten chirurgischen Hand«) das Problem der Wunde vom Bereich der ärztlichen Fürsorge in den Bereich der Seelsorge, auch wenn der dafür Zuständige, der Pfarrer, in einer Verzweiflungssituation die Unmöglichkeit einer wirksamen Seelsorge anzudeuten scheint.

Geht es hier um das Sterbenmüssen, um die Sterblichkeit, so werden Medizin und Seelsorge – man könnte auch den Seelenarzt hinzufügen – als unbrauchbar ersetzt durch eine Handlung, die an primitive Riten erinnert. Unter Zwang und einem eindeutig bedrohlichen Gesang wird der Arzt entkleidet und zu dem Jungen ins Bett gelegt. Darauf folgt das Gespräch der beiden: Der Junge will zuerst den Arzt bekämpfen, läßt sich dann aber von ihm über die Wunde, ihre Herkunft und Beschaffenheit aufklären und vertrösten, daß die Wunde, die er seit seiner Geburt trage, nicht so übel sei, worauf er still verscheidet. Der Landarzt entkommt dem Sterbezimmer, ein Irrender, der, überwältigt vom Verlust seiner bisherigen Existenz, sich völlig einsam und hoffnungslos preisgegeben sieht: »Nackt, dem Froste dieses unglückseligen Zeitalters ausgesetzt, mit irdischem Wagen, unirdischen Pferden, treibe ich mich alter Mann umher« (E 128).

Bevor man den Landarzt als bloße Maske für den Künstler, den Schriftsteller Kafka, nimmt, um diese Symbolwelt der Triebe (Pferdeknecht), des vernachlässigten Eros (Rosa), der Sexualität (Wunde) und der Sterblichkeit (Wunde) mit
5 entsprechender Analyse der Ich-Spaltung (Landarzt und Junge als zwei Aspekte derselben Person) auf seine Biographie zu beziehen, sei daran erinnert, daß diese Erzählung im Sinne einer Rede sehr starke Vermittlungsangebote macht.

10 ›Ein Landarzt‹ handelt vom Leben und vom Sterben, vom Heilen und Unheilbaren, von der Wunde, an der man stirbt und in der doch auf rätselhafte Weise auch das Leben aufscheint, so wie aus dem Ungewußten, dem Vernachlässigten Mächte frei werden, die aller gewöhnlichen Lebens-
15 routine ein Ende machen. Es ist vielleicht das besonders Schöne an dieser kunstvollen Rede, daß sie erregende Einsichten so vielschichtig anbietet. Selbst an der bloßen Oberfläche ist die Schilderung des in seinem Routineleben unbefriedigten Landarztes, der auf einmal in einer erschüt-
20 ternden Weise mit der Frage nach den letzten Dingen der menschlichen Existenz konfrontiert wird, auch dem nicht mit der Theoriebildung der Wissenschaften von der Psyche vertrauten Leser sehr einsichtig, sofern er nicht erklären, sondern mitverstehend nachvollziehen will. Und auch auf
25 die Ursachen des Dilemmas des Landarztes läßt sich dabei eingehen. Sein als Verhängnis erfahrenes Schicksal gibt zu erkennen, daß der Landarzt nicht über ein ausgeglichenes Inneres verfügt, daß er in seinem Verhalten, im Beruf, den Menschen, dem Patienten, den unleugbaren Tatsachen ge-
30 genüber immer wieder zu Fehlhandlungen gelangt. Durch seine innere Welt geht wie durch die Welt, in deren Sog er hineingerät, ein tiefer, unversöhnlicher Riß.

Überwältigt ›Ein Landarzt‹ durch die Dynamik des alptraumhaften Geschehens und das Geflecht des Bildlichen,
35 so verlockt die Parabel ›Auf der Galerie‹ (E 129) durch offensichtliche Klarheit von Aufbau, Sprache und Gestus. Zwei Abschnitte, deutlich abgegrenzt, greifbar verschieden in der Darstellung desselben Sachverhaltes, so scheint es. Im Konditionalsatz glaubt man ein Bild der Realität ge-

schildert, das trotz der offensichtlichen Überzeichnung, ja Übertreibung die wahre Wirklichkeit (in dichterischer Symbolsprache) wiederzugeben scheint. So möchte man sich die grausame, unmenschliche Realität einer herzlos ausgebeuteten und ausbeutenden Zirkuswelt (Zirkus auch als Welt der Kunst) vielleicht gern vorstellen, aus einem Anklagewunsch gegenüber der Unmenschlichkeit heraus, um den zweiten Abschnitt entsprechend als Darstellung des schönen Scheins, die verlogene Oberfläche, das täuschende Erscheinungsbild derselben grausamen Wirklichkeit zu begreifen. Deutet denn nicht die hilflose Geste des Weinens des Galeriebesuchers auf genau diese Gegenüberstellung von Wahrheit und Lüge, von Sein und Schein hin?

Sofort merkt man, daß der Text anders verfährt. Er stellt nicht das wahre Bild der Wirklichkeit im Indikativ dar, beschreibt nicht einfach das fraglos Erkannte, die Realität in ihrer eindeutigen Negativität, um im Gegenbild ihre Scheinhaftigkeit zu enthüllen. Sondern der Irrealis deutet auf etwas Hypothetisches hin. Denn es geht um die Denkmöglichkeit eines Handelns, nämlich das eingreifende Verhalten des Galeriebesuchers für den Fall, daß die Wirklichkeit in ihrer abgrundtiefen Unmenschlichkeit ihm vor Augen treten würde – obwohl diese Geste des Engagements, das »Halt!« nur »vielleicht« erfolgen würde, abgesehen von dem sich »anpassenden Orchester«, das wahrscheinlich sogar diesen Einhalt gebietenden Ruf wirkungslos aufsaugt.

Die Beteuerung des Erzählers: »Da es aber nicht so ist«, bezieht sich wohl auf diese »wenn–dann«-Struktur, auf das, was man die erkenntnismäßigen Bedingungen für angemessenes menschlich motiviertes Handeln nennen kann. Oder zur Verdeutlichung: Wenn die wahre Wirklichkeit sich dem wahrnehmenden Subjekt so leicht, so klar, so einfach zeigt, dann wäre es ein leichtes, in mitmenschlicher Weise sich hervorzutun, auch wenn der Erfolg einer solchen Einzelhandlung angesichts der Maschinerie des Geschehens fragwürdig bleibt. Aber zumindest ließe sich das Prinzip ethisch richtigen Verhaltens zweifelsfrei durchhalten.

Aus dieser Sicht folgt als Konsequenz für den zweiten

Abschnitt: In der normalen Welt erscheint die wahre Wirklichkeit sozialer Abhängigkeitsverhältnisse, die Ausbeutung im Herr-Knecht-Verhältnis des Arbeitsprozesses, und die hier dargestellte Kunstsphäre des Zirkus gehört dazu, nicht in einer solchen Eindeutigkeit, daß eine sofortige Erkenntnis des eigentlichen Sachverhaltes gewonnen und in ein entsprechendes Handeln umgesetzt werden kann. Sondern es ergibt sich ein Wahrnehmungsbild, in dem der schöne Schein überwiegt, auch wenn sich durch Unstimmigkeiten an der Oberfläche die Unheimlichkeit der dahinterstehenden negativen Realität zumindest erahnen läßt. Denn wer hat nicht bei der »Tierhaltung« des Direktors, der ja auch (wie bei einer Sache) »vorsorglich«, nicht eigentlich menschlich und »fürsorglich« sich verhält, das Gefühl, hinter all diesem übertriebenen Gebaren verberge sich eine unerbittliche und grausame Herrschermacht, die mit unausweichlichem Zwang durch den Direktor hindurch wirkt, als sei er nur ein Instrument und nicht ein Mensch mit eigener Willenskraft. Man könnte auf Kafkas Einsicht in den Rollenzwang menschlichen Verhaltens verweisen.
Weil sich so etwas nicht beweisen läßt, jedenfalls nicht vom Anschein her, sondern eine Sache des Fühlens ist, trifft es auch den Galeriebesucher nicht als erkennendes, urteilendes Wesen, sondern als mitfühlenden, sich seelisch ganz dem geahnten Entsetzlichen öffnenden und überlassenden Menschen, der bewußtlos nur mit der Gebärde des Schmerzes und der Verzweiflung, mit dem Weinen reagieren kann. Vielleicht ist es nicht zu weit gegangen, wenn man sagt, daß es das reine Gefühl ist, das auf seine eigene, aber hier nicht mitteilbare Weise Wahrheitsfindung vollzieht, zur wahren Wirklichkeit einen Bezug herstellt, auch wenn ein den Schmerz überwindendes Handeln nicht zustande kommt.

›Ein altes Blatt‹ und ›Eine kaiserliche Botschaft‹ reflektieren am Beispiel historisch entrückter Bereiche das Ausbleiben sozialer Kommunikation. Im ersten Fall wird die Notsituation eines belagerten, zur eigenen Verteidigung aber unfähigen Volkes beschrieben. Von der politischen Führung, dem Kaiser, allein gelassen, bricht die Angst vor dem

Sonnenemblem als Hauszeichen. Seit der Antike göttliches Zeichen (Apollo) und Herrscheremblem (»Sonnenkönig«). (Merian: Prag 27).

endgültigen Untergang hervor. Die aus dem Zusammenhang der Erzählung ›Beim Bau der chinesischen Mauer‹ herausgelöste Sage ist ein Meisterstück von Kafkas kunstvoller Gleichnisrede mit ihrer deutlichen Konturierung einer prägnanten Situation und der eigentümlichen Vielschichtigkeit der Signale, was das breite Bedeutungsspektrum anbelangt. Im märchenhaft anmutenden Personal dieser sagenhaft fernen Welt scheinen die Übergänge von der religiösen zur historischen Symbolik fließend. Das Sonnenzeichen auf der Brust des Boten, übrigens nicht in der chinesischen Kultur von einer herausragenden Bedeutung, wie die Sage anzudeuten scheint, verbindet das Zeichen des göttlichen Lichts in vielen Kulturen mit dem seit Alexander dem Großen beliebten Herrscherzeichen. Das erstaunlichste an der Sage ist am Ende, nach der Beteuerung der Unmöglichkeit des Ankommens des Boten trotz seiner unermüdlichen Anstrengungen, daß sich der Wartende die Botschaft erträumt. In dieser ›Traumlösung‹ liegt ein Akt des korrespondierenden Geistes. Das Wunschdenken des Untertanen scheint die bestehende Kommunikationslücke aufzufüllen. Die Raffinesse von Kafkas Kunst wird deutlich, wenn man sich vor Augen hält, daß dieser Text einzig die Überbringungsprobleme, die Vermittlungsschwierigkeiten in den Mittelpunkt stellt. Die Frage nach dem Inhaltlichen, nach der Bedeutung der Botschaft kommt so nie auf. Allerdings drängt sich dem Leser auf, danach zu fragen, ob nicht die Unmöglichkeit der Botschaftsvermittlung auf einen Strukturfehler, auf das Verhältnis von Oben und Unten oder Nähe und Ferne zurückzuführen sei.

Nicht minder verführerisch operiert Kafkas Erzählen in ›Ein Traum‹, diesem Stück, das er aus dem ›Prozeß‹ ausgliederte, wohl weil es eine Wunschtraumerfüllung Josef K.s vom erlösenden Sterben darstellt. Sein Entzücken über den gelungenen Tod steht im scharfen Kontrast zur Scham am Romanende, wie denn auch in dem unvollendeten Kapitel ›Das Haus‹ (P 210) in einer gestrichenen Stelle ein anderes Ende Josef K.s sich anbahnt, als er mit Titorelli zusammen in einer Art verklärender Verwandlung seine Apotheose, seine Verherrlichung, erfährt.

Daß das Erzählen ein Verbreiten von Fiktionen ist, die sich als »Kenntnisse« geben, könnte man dem ›Bericht für eine Akademie‹ (E 147–54) als Motto voranstellen. Diese Geschichte steht in ihrer ironischen Haltung gegenüber der menschlichen Entwicklungsgeschichte einzigartig da. Schon das Handlungsgerüst dieser vom Affen Rotpeter selbstgefällig erzählten Lebensgeschichte über seine Menschwerdung, nachdem ihn eine Expedition des Zirkus Hagenbeck an der Goldküste verletzt und gefangengenommen hat, bietet im Galopptempo die Entwicklung vom freien Affen zum Varietékünstler mit der »Durchschnittsbildung eines Europäers«. Es mutet einerseits wie eine Erzählung vom verlorenen Paradies an. Andererseits ergibt sich ein Passionsbericht einer aufgezwungenen Entwicklung, die zur menschlichen Identität führt, aber mit dem Preis einer Selbstentfremdung vom natürlichen Sein bezahlt wird. Unter dem Gesichtspunkt der immer wieder reflektierten Dialektik von Freiheit und Ausweg erscheint der Mensch gewordene Affe, der das Freiheitsgefühl der Menschengemeinschaft als eine Illusion in Frage stellt, als ein Beispiel der Fehlentwicklung der Menschheit. Gezwungen zur Nachahmung primitiven menschlichen Verhaltens (das Trinken aus der Schnapsflasche), demonstriert der Affe die Fragwürdigkeit seiner erfolgreichen Anpassung. Aufgrund seiner Überangepaßtheit wirkt er wie ein Zerrspiegel der menschlichen Selbstherrlichkeit, die Kafka in dieser Geschichte einer grundsätzlichen Kulturkritik, einem Nachweis der Zweifelhaftigkeit jeden Fortschritts zu unterziehen scheint.

Kafka fördert nicht eine naive Vorstellung vom verlorenen Paradies, obwohl das »große Gefühl der Freiheit nach allen

Seiten« als Menschensehnsucht Erwähnung findet. Die Erinnerungen und Erwägungen Rotpeters machen deutlich, daß sein Ursprung eine Tierexistenz jenseits von Freiheit und Zwang ist. Man könnte daraus die These ableiten, daß erst mit der erzwungenen Menschwerdung das Freiheitsbewußtsein erwacht.

In seinem eigenen Entwicklungsgang hatte Kafka ein »unendliches Verlangen« nach »Freiheit nach allen Seiten« (F 729), dessen Erfüllung ihm aber im Familienverband durch den Zwang der Erziehung verwehrt wurde. Schon früh hat er diese Zwangssituation auch mit Tiermetaphern belegt; so verstand er sich 1912 schon als »Affe seiner Eltern« (F 138). Während man bei Rotpeter die Entwicklung auch unter dem Gesichtspunkt seiner positiven Leistung sehen kann – er hat immerhin eine auch von den übrigen Menschen abgesonderte Einzelstellung erreicht –, ist Kafka in der Kritik der Zwänge, denen sich alle, die ihre Eigentümlichkeit bewahren wollen (»Jeder Mensch ist eigentümlich«, H 165), dennoch nicht entziehen können, unmißverständlich scharfsinnig. Seine Kritik gilt den Mechanismen, die im gesellschaftlichen Verhalten wirksam sind. Das wird deutlich im berühmten ›Brief an den Vater‹ (1919), aber auch in seinen Briefen zur Erziehung, die gegen die umklammernde Familie als Erziehungsverband vehement zu Felde ziehen (Br 344f.).

Zu den nicht in die Sammlung ›Ein Landarzt‹ aufgenommenen Stücken gehören das an die Totengräberszene in Shakespeares ›Hamlet‹ erinnernde Dramenfragment ›Der Gruftwächter‹ (B 223–36): die Geschichte von der menschlichen Brücke, die, einmal begangen, unter dem Druck eines aggressiven Benutzers zusammenbricht (E 284); die Erzählung vom mißlungenen Sterben, ›Der Jäger Gracchus‹ (E 285–88), wobei das italienische »gracchio« = Dohle = tschechisch »kavka« die maskenhafte Persona, das andere Ich des Schriftstellers Franz Kafka deutlich macht, vielsagend die Anspielung in der Bemerkung des Jägers: »Niemand wird lesen, was ich hier schreibe.« Den »Grundfehler« seines Sterbens sieht der Jäger in seinem mißlungenen Tod: »Mein Todeskahn verfehlte die Fahrt.«

Die Dohle, Geschäftsemblem von Kafkas Vater (Wa 36).

Das scheint sozusagen ein negatives Gleichnis zu sein: Ein verfehlt empfundenes Leben kommt erst gar nicht in den Blick, sondern die Jägerexistenz wird als völlig normales Leben hingestellt. Erst mit dem Tod beginnt sich etwas zu zeigen, das jetzt zum Gegenstand eines betroffenen Fragens wird.

Das Unzulängliche, notwendig Stückhafte aller menschlichen Aktivitäten, die Unvollkommenheit als Strukturbedingung und Organisation als Zentralproblem menschlicher Gesellschaften, das sind einige Hauptthemen der Erzählung ›Beim Bau der chinesischen Mauer‹ (E 289–99). Das Problem der Kommunikation, das Gesetz der Verfehlung im Alltäglichen behandelt beispiellos gedrängt ›Eine alltägliche Verwirrung‹ (E 303f.). Hier schließt eine mögliche Problemkonstante im zwischenmenschlichen Bereich als verabsolutiertes Gesetz alle anderen Möglichkeiten der Verständigung aus. Ein Text wie ›Der Nachbar‹ (E 300f.) erhellt die Ängste im geschäftlichen Wettbewerb. Es ist die Ungewißheit über die tatsächlichen Verhältnisse, die zu einer Panikreaktion führt. Ein kurzes Stück wie ›Der Schlag ans Hoftor‹ (E 299f.) führt vor Augen, daß noch die harmloseste Geste spielerischen oder sogar mutwilligen Verhaltens unerbittliche Konsequenzen nach sich zieht, weil jedes Begehren, jede Störung einer Ordnung sofort auf strafmäßige Weise geahndet werden.

Die Konfrontation mit den anderen, allerdings in einer Notsituation (historisch ausgelöst durch die Kohlenknappheit im Kriegswinter 1916/17), bietet ›Der Kübelreiter‹

(E 195f.). Hier wird die Bitte des Mittellosen um Hilfe von den eigensüchtigen Repräsentanten einer kleinlichen Geschäftswelt abgeschlagen, und eine nahezu grotesk anmutende Existenzauflösung tritt ein: der Ritt auf dem Kübel »in die Regionen der Eisgebirge«, wo sich der Unglückliche »auf Nimmerwiedersehen« verliert. Diese Elendsgeschichte sozialer Isolation und Verstoßung hat Kafka separat (1921) veröffentlicht.

›Ein Landarzt‹ gibt sich als eine komponierte Sammlung zu erkennen, als ein Beispielbuch, das um die Fragen mythischen Sinnes kreist, das die historischen Verhältnisse auf ihre Bedingtheiten hin befragt, das vor allem Subjekt und Objekt, Leben und Tod, Eigentümlichkeit des einzelnen und Fremdheit der anderen veranschaulicht. Eine Mystifikation wie ›Ein Besuch im Bergwerk‹, die Reflexion von Sein und Zeit in ›Das nächste Dorf‹, die Verklammerung unerbittlicher Kontrahenten in ›Ein Brudermord‹ und in der zweiten Tiergeschichte, ›Schakale und Araber‹, sind facettenreiche Bestätigungen des Hauptmotivs der ›Verantwortung‹, die Kafka, der Künstler, in diesem Rechtfertigungsversuch sich vornahm. Der Figur des Scheiternden (Landarzt), die das Schicksal so vieler Kafka-Helden wiederholt, steht der Sonderling und Lebenskünstler Rotpeter gegenüber, den eine Tagebuchnotiz seines Schöpfers mit einschließt, die besagt:

Friedrich Feigl: Kafka bei der Lesung des ›Kübelreiter‹ (Wa 187).

»Zeitweilige Befriedigung kann ich von Arbeiten wie
›Landarzt‹ noch haben, vorausgesetzt, daß mir etwas Derartiges noch gelingt (sehr unwahrscheinlich). Glück aber nur, falls ich die Welt ins Reine, Wahre, Unveränderliche heben kann« (T 389).

Gegenüber der Befriedigung seiner Schreiblust und seiner gänzlichen Öffnung des Innern scheint Kafka jetzt etwas anderes höher einzuschätzen: die Suche nach dem, was der Erfahrungswelt vorgegeben ist.

»Über die letzten Dinge«: Aphorismen, Betrachtungen (1917–1920)

Die Krankheit konfrontiert Kafka mit der Notwendigkeit, sein Leben eingehend zu prüfen. Neben den Erzählungen, die das Selbst auf seine Umwelt beziehen, macht Kafka jetzt eine besondere Anstrengung, auch die Vorwelt in seinen betrachtenden Blick zu nehmen. Es entstehen vielerlei Betrachtungen »über die letzten Dinge« (FK 147), aber auch Reflexionen, Fragmente und Erzählansätze, die den Bereich der antiken Mythenüberlieferung, biblischer Geschichten und historischer Traditionen umfassen.
Die Aphorismenreihe – von Max Brod unter einseitiger Hervorhebung einer positiven Steigerung im Religiösen »Betrachtungen über Sünde, Leid, Hoffnung und den wahren Weg« genannt (H 30–40) – behandelt Grundfragen der Theologie: Gott, Sein, Paradies, Sünde, Erlösung, eher skeptisch oder gar in sehr negativer Weise. Das gilt besonders für die Sammlung ›ER‹ (1920, B 216–22), die jede Hoffnungsmöglichkeit in Frage zieht, vor allem aus der sozialen Bedingtheit des menschlichen Bewußtseins heraus, wobei betont wird, es sei unmöglich, im Gefängnis des Daseins überhaupt eine »Vorstellung von Freiheit« (B 217) zu entwickeln.
Kafkas Denken weicht, nicht nur im starken Gebrauch des Bildlichen, vom Logisch-Systematischen der Schulphilosophie ab. Er zeigt eine ausgesprochene Neigung zum Denken in Widersprüchen, in Widersinnigem und Alogischem. Erscheint das einerseits als Hang zum Verrätseln, so ergibt sich aber auch ein Denken in Bildern, das auf den noch

nicht festgelegten, den logisch nicht verfügbaren Bereich der Erkenntnis hinweist. So erfährt das der Bibel folgende Sprichwort »Wer sucht, der findet« bei Kafka die zum Paradox hingleitende Veränderung: »Wer sucht findet nicht, aber wer nicht sucht, wird gefunden« (H 70). Man hätte erwartet: ›aber wer nicht sucht, findet‹. Statt dessen also die Ablenkung von der vertrauten Logik zu einer Alogik hin.

In ihrer Metaphorik öffnen sich Kafkas Aphorismen zu den Erzählwerken hin. Die Aussage im ›Prozeß‹, daß die Behörde von der Schuld angezogen werde, dieses wechselseitige Verhältnis von Angeklagtem (Josef K.) und Gericht, findet eine Entsprechung in der Betrachtung: ›Ein Käfig ging einen Vogel suchen‹ (H 31). Diese Spitzfindigkeit geht davon aus, daß ein allgemein bekannter Verwendungszweck des Käfigs, sein vorwiegender Gebrauch in metaphorischer Weise verabsolutiert und in eine Suche (zur Erfüllung der so gesetzten Wesensbestimmung) umgewandelt wird. Die Notwendigkeit solcher Seinsverwirklichung entnimmt Kafka seiner Einsicht in die sozialen Verhältnisse, besonders in die Familienbeziehungen, in denen er gleichfalls wechselseitig bedingte Kampfverhältnisse bzw. Verfolgungszwänge für gegeben hält. Man denke nur an seinen Satz: »Ich habe die Eltern immer als Verfolger gefühlt« (F 112).

Ein Beispiel für Kafkas Hang zur Umkehrung des Überlieferten ist seine Formulierung: »Wir graben den Schacht von Babel« (H 280). Das ist nicht nur eine paradoxe Inversion der biblischen Geschichte vom Turmbau. In dem Stück ›Das Stadtwappen‹ (1920) wird dieser babylonische Turmbau dadurch vereitelt, daß die Uneinigkeit der Menschen und ihre Kämpfe miteinander die »Sinnlosigkeit des Himmelsturmbaues« erweisen. In deutlicher Bezugnahme auf den im Prager Stadtwappen vorhandenen Arm mit der (allerdings um den Schwertgriff geschlossenen) Faust schreibt Kafka:

»Alles was in dieser Stadt an Sagen und Liedern entstanden ist, ist erfüllt von der Sehnsucht nach einem prophezeiten Tag, an welchem die Stadt von einer Riesenfaust in fünf kurz aufeinanderfolgenden Schlägen zerschmettert werden wird. Deshalb hat auch die Stadt die Faust im Wappen« (E 307).

Das strafende Gottesgericht der Bibel wird bei Kafka zu einer Vernichtungstat, die von den Menschen in einem Selbstbestrafungswunsch herbeigesehnt wird, wie denn die von Kafka selten mit dem Namen »Gott« belegte Vorstellung des höchsten Wesens oft die Züge einer zornigen, willkürlichen, blindlings handelnden Vaterfigur hat.

Ursprung, Sinn und Ziel des Lebens reflektiert Kafka meist unter Aussparung der religiösen Begriffe Gott, Seele oder Unsterblichkeit. Zentral für sein Denken über die menschliche Existenz im Sinne des Metaphysischen ist die Vorstellung vom »Unzerstörbaren«:

»Der Mensch kann nicht leben ohne ein dauerndes Vertrauen zu etwas Unzerstörbarem in sich, wobei sowohl das Unzerstörbare als auch das Vertrauen ihm dauernd verborgen bleiben können. Eine der Ausdrucksmöglichkeiten dieses Verborgenbleibens ist der Glaube an einen persönlichen Gott« (H 34).

Kafka sagt hier nicht etwa, daß es das Unzerstörbare gibt – das läßt er offen. Er spricht vielmehr über eine menschliche Eigenart und Notwendigkeit, an die Existenz des Unzerstörbaren zu glauben. In eigentümlicher Umgehung des Offenbarungsgedankens hält Kafka gerade das Verborgenbleiben für eine Bedingung des Glaubens an den persönlichen Gott, während man doch eher erwarten würde, daß die Gegenwart des richtenden, strafenden und gnädigen Gottes gerade nicht mit seiner Verborgenheit begründet würde.

In scharfer Trennung vom Ich, das begehrt, das dem Besitzdenken verfallen ist, sieht Kafka die Seele, die auch »nichts von sich weiß« (H 69), so daß er auch vermerkt: »Die innere Welt läßt sich nur leben, nicht beschreiben« (H 53). Diese Ablehnung der »deskriptiven Psychologie«, deren Erklärungsanspruch Kafka skeptisch gegenübersteht, weist eine mystische Komponente auf.

Zu Schöpfung, Paradies und Sündenfall – »manchmal glaube ich, ich verstehe den Sündenfall wie kein Mensch sonst«, schreibt Kafka an Milena (M 152) – tritt der Dichter ebenfalls in eine umdeutende und die Tradition widerlegende Beziehung. Entgegen der Meinung vom Sündenfall als einem einmaligen Geschehen entwickelt Kafka am Paradiesesgedanken eine eigentümliche Paradoxie: »Wir wurden geschaffen, um im Paradies zu leben, das Paradies war bestimmt, uns zu dienen« (H 37). Dieses ursprüngliche Sein in Gottähnlichkeit und Wahrheit wurde nach Kafka durch den Abfall, den Ungehorsam der ersten Menschen aufgehoben, weil sie dem Verführer erlagen: »Es bedurfte der Vermittlung der Schlange: das Böse kann den Menschen verführen, aber nicht Mensch werden« (H 34). Wie bei der Denkmöglichkeit und Denknotwendigkeit des Unzerstörbaren gibt es auch hier eine Notwendigkeit, etwas im Menschen anzunehmen, das vor dem Bösen gefeit ist: Es ist die Unschuld, der Zustand der Unschuld, der aber in jedem Augenblick verlorengeht, weil der Sündenfall eigentlich ein permanenter Zustand ist. So heißt es bei Kafka: »Die Vertreibung aus dem Paradies ist in ihrem Hauptteil ewig«, also eine »ewige Wiederholung des Vorgangs« (H 69).

Als Folge der Zweiteilung des Menschen in einen »Bürger der Erde« und einen »Bürger des Himmels« (H 35) verweist Kafka auf den Konflikt der beiden Sphären, auf den Kampf, dem der Mensch dauernd unterliegt. Notwendig ist es deshalb, zur Erkenntnis zu gelangen und, vor allem, »ihr gemäß zu handeln« (H 76). Hauptquelle des Bösen im Menschen ist sein Besitztrieb, und auch die Sprache kann »entsprechend der sinnlichen Welt, nur vom Besitz und seinen Beziehungen« (H 34) handeln. Das führt zu der Feststellung: »Die Kunst ist ein von der Wahrheit Geblendetsein: Das Licht auf dem zurückweichenden Fratzengesicht ist wahr, sonst nichts« (H 35). Kann die Kunst auch nicht vom Unzerstörbaren, von der Wahrheit als solcher künden, so kann sie doch das Verklammertsein, den Kampf in der Welt darstellen, zugleich auch die Notwendigkeit eines Entzugs aus dieser Arena des Kampfes und des Kämpfenmüssens.

Mit seiner Vorstellung vom Unzerstörbaren kommt Kafka

dem Gottesbegriff der jüdischen Mystik nahe. Auch seine Anschauung vom »Bürger des Himmels« findet Entsprechungen in der Lehre der Kabbala von der himmlischen Seele. So hat man seine Ansicht vom höchsten Wesen als einem abwesenden Gott mit der Deus-absconditus-Vorstellung dieser mystischen Tradition verglichen. Und auch Kafkas Auffassungen vom Weg und vom Licht lassen sich mit den mystischen Vorstellungen vergleichen, die den Weg als ein Zurückgeführtwerden zu Gott und das Licht als die sich im Glanz offenbarende Gegenwart Gottes verstehen (vgl. KH II, 488 ff.). Diese Parallelen und Entsprechungen verwundern nicht, da ja Kafka seit der Begegnung mit dem jiddischen Theater sich intensiver mit jüdischem Gedankengut beschäftigte und so Anregungen aufnehmen konnte, obwohl er keine umfassende Kenntnis der mystischen Hauptströmungen sich hat erarbeiten können. Deshalb sind viele Entsprechungen auch als Resultat eines eigenständigen Nachdenkens zu fassen, dem die Erforschung und Umdeutung überlieferter Anschauungen besonders nahestand.

Ebenfalls umdeutend und revidierend verhält sich Kafka gegenüber den antiken Mythen. Sein Poseidon ist zum Beamten, dem die »Verwaltung aller Gewässer« obliegt (E 307), herabgesunken. Gegenüber dieser ironischen Verfremdung bietet ›Prometheus‹ eine Verschiebung des bekannten Mythos von der Bestrafung und auch Befreiung des selbstherrlichen Titanensohns und Frevlers gegen die Götter. Die Verschiebung bei Kafka erfolgt in einer progressiven Entstellung durch die Reihung von vier Varianten, die alles dem Vergessen anheimfallen lassen, um daraus den immer wieder sich erneuernden Erklärungsversuch der Sage abzuleiten: »Blieb das unerklärliche Felsgebirge – Die Sage versucht das Unerklärliche zu erklären. Da sie aus einem Wahrheitsgrund kommt, muß sie wieder im Unerklärlichen enden« (E 306).

Dieser oft zitierte Schluß zeigt sehr deutlich die Verbindung von poetischer Sprache und einer (schein)logischen Argumentation bei Kafka. Der Effekt ist eine magisch zu nennende Wirkung. Dem Mythos nach war das Felsgebirge instrumental in der Bestrafung des Prometheus, denn er war daran festgeschmiedet. Bei Kafka wird es aber zum Schauplatz des Vergessens: »Die Götter wurden müde, die Adler wurden müde, die Wunde schloß sich müde.« Diese unerklärte Müdigkeit, mit der Kafka den ursprünglichen Mythos abändert, ihn deformiert, bildet er um in die Metapher von dem »unerklärlichen Felsgebirge« – ein paradoxes Bild. Während Sagen für gewöhnlich entlegen Historisches berichten, ohne den Anspruch auf exakte Faktizität zu erheben, macht Kafka aus diesem Genre erzählter Vorwelt eine erklärende, eine philosophische, eine metaphysische Disziplin. Er verschiebt also das Gewohnte und Überlieferte in neue Grenzbereiche, um den Leser in den Kreislauf dieser einen Frage zu zwingen: warum eigentlich die Bestrafung ausgesetzt habe, denn in Kafkas Denken und Erfahrung sind Schuld und Strafe immer existierende Gegebenheiten.

Im ›Schweigen der Sirenen‹ schließlich hebt Kafka entgegen dem Mythos nicht den Gesang, sondern sein Ausbleiben, das Schweigen, als Bedrohung hervor. Odysseus entgeht hier bei Kafka nicht als Ahnherr der großen Erfindungsgabe der Vernunft und des listenreichen Verstandes der Gefahr. Bei Homer läßt sich Odysseus an den Mast binden, während er seinen rudernden Gefährten die Ohren mit Wachs gegen den tödlich verführerischen Gesang der Sirenen verstopft hat. Ganz im Gegensatz dazu hat bei Kafka jener Kinderglauben an helfende Mittelchen, der ihn selbstvergessen werden läßt, in einer gleich von Kafka mitgelieferten Variante (Kafka imitiert den Variantenreichtum mythischer Überlieferung) Odysseus zum schlechthin undurchdringlichen, auch für die Götter undurchschaubar Listenreichen gemacht (E 304 f.).

Kafkas freier Umgang mit der Tradition – im ›Neuen Advokaten‹ hat er Indien dem Zugriff des Welteneroberers Alexander ins Unerreichbare entzogen – zeigt sich auch in seiner travestierenden Demontage der biblischen Idealfigur eines Gottesdieners: des Patriarchen Abraham. Im Gegensatz zum dänischen Religionsphilosophen Sören Kierkegaard, mit dem sich Kafka intensiv auseinandersetzte, wird sein Abraham nicht zum »Ritter des Glaubens«, der den Sprung in den Glauben an die unfaßbare Existenz Gottes wagt, obwohl dieser Gott ihn mit der Forderung, seinen Sohn Isaak zu opfern, nach Kierkegaard vor eine unbegreifliche Prüfung stellt. Kafka denkt sich einen »anderen Abraham«, dem dieser gottgefällige Gehorsam nicht gelingt, der es deshalb auch »nicht bis zum Erzvater bringen« würde, »nicht einmal bis zum Erzvater bringen« würde, »nicht einmal bis zum Altkleiderhändler – der die Forderung des Opfers sofort, bereitwillig wie ein Kellner zu erfüllen bereit wäre«. Aber es kommt dann doch nicht zur Opferung Isaaks, weil Kafkas Abraham, ganz von seinen häuslichen Pflichten in Anspruch genommen, nicht zum befohlenen Opfergang antreten kann (Br 333). Ein verhinderter Patriarch also. Kafka tut nichts weniger, als seine Kritik an den Autoritäten auch auf die der Heiligen Schrift, der biblischen Überlieferung und der religiösen Tradition zu übertragen, ohne dabei mit seiner die Weltgeschichte angreifenden Ironie zu sparen.

6. Die dritte Verlobung und der ›Brief an den Vater‹ (1919)

Julie Wohryzek (1919)

Der Ausbruch seiner Krankheit im Jahre 1917 wirkte sich in sehr unterschiedlicher Weise auf Kafkas Leben, Schreiben und die Arbeit im Büro aus. Die Krankheit brachte zumindest eine vorübergehende Befreiung von alten Zwängen, durch Heirat und Familiengründung ein den väterlichen Wünschen entsprechendes normales Bürgerleben zu erfüllen.

Der endgültige Bruch mit Felice Bauer verminderte einen bedeutenden Konfliktgrund und gab Kafka für einige Zeit eine innere Gelöstheit, die das konfliktbedingte und seelische Spannungen bewältigende Schreiben zunächst versiegen ließ. Bis zum Spätsommer 1920 macht sich eine deutliche Schreibunlust bemerkbar. Sie ist mitbedingt durch Kafkas intensiver werdende Skepsis gegenüber dem Schreiben überhaupt. Vergrößert wird diese Distanzierung gegenüber der Position des Schriftstellers durch eine zunehmend kritische und negative Bewertung. So überantwortet ein zwischen 1919 und 1921 verfaßtes erstes Testament unterschiedslos alle ungedruckten und sogar die gedruckten Werke der Vernichtung, ein Selbstgericht, von dem in einem späteren Testament (ca. 1922) zumindest das meiste im Druck Erschienene ausgenommen wird (P 224f., KH I, 569).

Der vom Schreiben sich abwendende Dichter hat während dieser Zeit sich einerseits in umfängliche Lektüre vertieft. Sie reicht von den philosophischen Werken Kierkegaards bis hin zu Hebräischstudien, die Kafka auch im Hinblick auf eine in Aussicht genommene, aber nie verwirklichte Palästinareise bis an sein Lebensende betrieb, wobei ihm zeitweilig eine 19jährige Studentin aus Jerusalem, Puah Bentovim, Konversationsunterricht gab. Andererseits interessiert sich Kafka für Landwirtschaft und Gartenbau, besonders auch im Zusammenhang mit der landwirtschaftlichen Tätigkeit seiner Schwester Ottla, die er monatelang in Zürau auf dem Lande besucht hatte. So verwundert es nicht, daß Kafkas sporadisches Schreiben in dieser Zeit eine deutliche Abwendung vom Geschichtenerzählen darstellt, während die Hinwendung zu gedanklichen Betrachtungen letzter Dinge, zu den ironisierten Verfremdungen mythischer Überlieferung eine gewisse Folgerichtigkeit aufweist: Kafka sucht seine Existenz in einen universaleren Zusammenhang zu stellen. Auch die Texte, die im Herbst 1920 entstehen, ›Das Stadtwappen‹, ›Poseidon‹, ›Gemeinschaft‹, ›Nachts‹, ›Die Abweisung‹, ›Zur Frage der Gesetze‹, ›Die Truppenaushebung‹, ›Die Prüfung‹, ›Der Geier‹, ›Der Steuermann‹, ›Der Kreisel‹, ›Kleine Fabel‹ und ›Heimkehr‹, sind nicht dichterische Gestaltungen persönlicher Problematik, sondern Prosastücke, deren gleichnishafte Verknappung das Reflektierende der Parabelform in den Erzählgerüsten verankert.

Kafkas zunehmender Kräfteverfall aufgrund der sich ausweitenden Krankheit verursacht nun auch ständige Unterbrechungen in seiner Lebensroutine, vor allem wird

Prager Stadtwappen mit dem wehrhaften, schwerthaltenden Arm, der bei Kafka zur »Riesenfaust« wird: »Alles was in dieser Stadt an Sagen und Liedern entstanden ist, ist erfüllt von der Sehnsucht nach einem prophezeiten Tag, an welchem die Stadt von einer Riesenfaust in fünf kurz aufeinanderfolgenden Schlägen zerschmettert werden wird. Deshalb hat auch die Stadt die Faust im Wappen.« (Jiri Grusa: Franz Kafka aus Prag. Frankfurt a. M. 1983, S. 42.)

Dienstunfähigkeit zu einem Dauerproblem. Immer häufiger muß sich Kafka zu Erholungsaufenthalten in Sanatorien und anderen Erholungsstätten aus Prag fortbegeben. Ein schlimmer Fall der Spanischen Grippe sucht den Dichter im Oktober 1918 heim. Häufig auftretende Fieberzustände in Begleitung mit Schwächeanfällen und Nervenzusammenbrüche ziehen Kafka körperlich und seelisch sehr in Mitleidenschaft. Eine Tagebuchnotiz vom 30. Januar 1922 enthält eine bezeichnende Selbstcharakteristik von Kafkas Haltung gegenüber seiner Erkrankung: »daß ich der Krankheit gegenüber so unwissend, so beziehungslos, so ängstlich bin wie etwa gegenüber dem Oberkellner« (T 416). Der Oberkellner ist für Kafka eine Figur der Macht; die Krankheit also eine Beherrschung, der er ausgeliefert ist.

Auf einem Erholungsurlaub im böhmischen Schelesen lernt Kafka Julie Wohryzek kennen, eine zurückhaltende, unscheinbare und stille Jüdin. Als Tochter eines Schusters und Gemeindedieners einer Prager Vorortsynagoge war sie keine bemittelte Frau. Anders als die beruflich tüchtige und in der Lebensweise solidere Felice Bauer charakterisiert Kafka die neue Bekannte, die in Prag einen kleinen Modesalon betreibt, in ihrer ihn anziehenden Gegensätzlichkeit und Mischung aus nicht zu vereinbarenden Charakterzügen:

»Eine gewöhnliche und eine erstaunliche Erscheinung. Nicht Jüdin und nicht Nicht-Jüdin, nicht Deutsche, nicht Nicht-Deutsche, verliebt in das Kino, in Operetten und Lustspiele, in Puder und Schleier, Besitzerin einer unerschöpflichen und unaufhaltsamen Menge der frechsten Jargonausdrücke, im ganzen sehr unwissend, mehr lustig als traurig [...], dabei ist sie im Herzen tapfer, ehrlich, selbstvergessen, – so große Eigenschaften in einem Geschöpf, das körperlich gewiß nicht ohne Schönheit, aber so nichtig ist, wie etwa die Mücke, die gegen mein Lampenlicht fliegt« (Br 252).

Zurückgekehrt nach Prag, fliegen die beiden Liebenden »zueinander wie gejagt«, und eine recht problemlose Zeit des Miteinanders wird belastet mit Heiratsplänen, die vor allem von Kafka betrieben werden. Aber als die trotz Wohnungsknappheit gefundene Wohnung sich als nicht bezugsfertig herausstellt, ist der »Wendepunkt« erreicht. Denn Kafka hatte nicht nur mit den widrigen Wohnverhältnissen zu kämpfen. Sein Vater beschimpfte ihn auch wegen der in seinen Augen nicht standesgemäßen Braut. Seinem inzwischen 36jährigen Sohn niedere Motive unterstellend, faßte er seinen Einspruch ohne Umschweife in die folgende, gehässig vorgebrachte Rüge: »Sie hat wahrscheinlich irgendeine ausgesuchte Bluse angezogen, wie das die Prager Jüdinnen verstehn, und daraufhin hast Du Dich natürlich entschlossen, sie zu heiraten« (H 155). Dieser bösartige Vorwurf, eine »Beliebige« unüberlegt und ohne jede Rücksicht auf die Stellung der eigenen Familie als Braut ausgesucht zu haben, traf Kafka sehr. Seine Schwester Ottla, in ihrer Willenskraft und inneren Stärke dem Vater nicht unähnlich, ist seit einiger Zeit ebenfalls im Kampf mit dem Vater begriffen, weil sie sich seinen Vorwürfen widersetzt, die sich gegen ihre Verbindung mit Josef David richten, einem ebenfalls unbemittelten und nicht standesgemäßen Tschechen, der noch dazu Christ ist. Bestärkt von Ottla, mit der er sich seit Jahren in den berühmt gewordenen Badezimmergesprächen – das Badezimmer als einziger

Fluchtort für Bruder und Schwester in der elterlichen Wohnung – vertraulich unterredet, verfaßt Kafka seinen ›Brief an den Vater‹.

›Brief an den Vater‹ (1919)

Die Zeit für eine Abrechnung mit dem Vater, für eine Rechtfertigung der eigenen Existenz, für eine Kritik an den institutionellen Zwängen im bürgerlichen Familienverband war gekommen. Was Kafka schon 1910 in mehrmaligem Ansetzen als den Schaden, den ihm seine Erziehung zugefügt hatte, im Tagebuch reflektierte, zentriert er jetzt, rigoroser und analytischer in der Argumentation, auf die Figur seines Vaters. Weniger die Person seines Erzeugers Hermann Kafka als vielmehr die Vaterrolle enthüllt und kritisiert Kafka. Ein seelisch Gemarterter und auf Lebenszeit Geschädigter schreibt diesen Brief.

Kafka ist gezeichnet von einer übergroßen Angst. Sie wird benannt in der »Furcht« vor dem Vater. Die traumatisierenden Erlebnisse der Kindheit werden zur Sprache gebracht, das vielseitige Bestraftwerden, etwa die nächtliche Aussetzung auf dem Balkon, das »Pawlatsche-Erlebnis« (siehe Seite 27ff.). Aus der Sicht des Opfers vergrößern sich alle Untugenden, Unzulänglichkeiten, Schwächen und Fehler. Der Vater, dieser Aufsteiger aus der Provinz, der ehemalige Dorfjude, ist für Kafka zunächst ein körperlich überwältigender Mann der Erscheinung und physischen Stärke nach. Robuste Körperkraft und ungebrochene Selbstsicherheit drücken den zartgebauten, seelisch empfindlichen Sohn nieder, machen ihn lächerlich und beschämen ihn. Neben »Stärke, Gesundheit, Appetit, Stimmkraft, Redebegabung, Selbstzufriedenheit, Weltüberlegenheit, Ausdauer, Geistesgegenwart, Menschenkenntnis, einer gewissen Großzügigkeit« des Vaters verweist Kafka auch auf sein »herrisches Temperament«, seinen »Jähzorn« und seine »Rechthaberei«. Die Vater-Sohn-Beziehung wie auch die Beziehungen zu allen anderen Familienmitgliedern und zum Geschäftspersonal bemängelt Kafka als das Verhältnis von »Herr« und »Sklave«. »Ausübung der Herrschaft«, »Oberherrschaft« und »Tyrannei« sind weitere

Anklagevokabeln dieser Kritik der (un)menschlichen Beziehungen. Erscheint der Vater – gleichsam aus der Perspektive des ewigen Sohnes – als »Maß aller Dinge« und »letzte Instanz«, so erkennt der Dichter doch auch, daß es sich um »Kampfverhältnisse« handelt, bei denen der Vater trotz seiner Überlegenheit und seines Herrschaftsanspruchs zur Einnahme einer Rolle gezwungen ist: eine »ebenso schwache wie verblendete Partei« (H 141).
So verwundert es nicht, daß Kafka in seiner mit Vorwürfen gespickten Analyse den Vater dennoch immer wieder als »gänzlich schuldlos« von persönlicher Anklage ausnimmt. Das ist nicht nur als Strategie eines sich gegen Gegenvorwürfe absichernden Unterlegenen zu werten, sondern drückt Kafkas Anliegen aus: statt eine gefühlsgeladene Beschwerde gegen den Vater als Person und Menschen vorzubringen, eine Analyse der verheerenden Rolle des Vaters im Erziehungsprozeß zu geben. Der Vater als Repräsentant gesellschaftlich vermittelter Zwänge. So kann Kafka auch menschliche Vorzüge des Vaters – »im Grunde ein gütiger und weicher Mensch« – anführen, obwohl er der Machtfigur dann wieder »Empfindungslosigkeit« gegenüber »Leid und Schande« des beschämten Kindes zuschreibt.
Der Mutter weist Kafka auch die Rolle einer Sklavin, nämlich »unbewußt die Rolle eines Treibers« zu, obwohl sie als Fürsorgende für ihn »im Wirrwarr der Kindheit das Urbild der Vernunft« war. Völliges Ungenügen, die väterlichen Lebensvorstellungen zu erfüllen, belädt Kafka mit einem grenzenlosen Schuldbewußtsein und dem Gefühl seiner vollständigen Nichtigkeit und des gänzlichen Scheiterns. Das drückt sich besonders in den wiederholten und gescheiterten Heiratsplänen aus, während das Schreiben vom Dichter als Flucht vor dem Vater und gleichzeitig als innere Auseinandersetzung mit der allmächtigen Figur dargestellt wird. Allenthalben sieht Kafka Demütigungen, die ihn seelisch verkrüppelt und in seinem Selbstgefühl verstümmelt haben. Daß gegen Macht und entwürdigende Beschämung durch den Hohn des Überlegenen (»Erziehung durch Ironie«) nur Rebellion durch »Gewalt und Umsturz« helfen

könne, äußert Kafka deutlich. Aber im Innern fehlt ihm die Widerstandskraft, und nur im Schreiben teilt sich seinen Figuren in ihren Entfremdungszusammenhängen dieser Wunsch nach Auflehnung mit. Man denke nur daran, wie Gregor Samsa in der ›Verwandlung‹ seine »Schreckgestalt« zur Schockierung der Familie Samsa und des Prokuristen einsetzt.

Kafka sieht das Übel nicht nur auf seine besonderen Familienverhältnisse und seine eigene Veranlagung begrenzt, sondern er erkennt in den Assimilationsprozessen der sich ihren Wirtsvölkern anpassenden Westjuden einen Verlust an ursprünglichem Gemeinschaftssinn und ethnischer Identität, die den großstädtisch verbürgerlichten Juden in ihrer der Tradition fernrückenden Lebensweise verlorengeht. So nimmt Kafkas Kritik am verflachten, auf reine Konvention herabgesunkenen Judentum seines Vaters einen breiten Raum im ›Brief‹ ein. Der Dichter beschreibt die auf hohe Feiertagsfestlichkeit beschränkte religiöse Mentalität seines Elternhauses als sinnentleerte Formalität.

Den Substanzverlust echter jüdischer Religiosität hat Kafka als Kind beim Besuch im Tempel so erfahren, daß ihm die Synagoge und das geweihte Geschehen des Gottesdienstes so lächerlich wie ein Jahrmarkt erschienen, das Hervorholen der Thorarollen sogar als eine »Schießbu-

Prager Altneusynagoge und jüdisches Rathaus (Wa 63).

den«-Angelegenheit, »wo auch, wenn man in ein Schwarzes traf, eine Kastentür sich aufmachte, nur daß dort aber immer etwas Interessantes herauskam und hier nur immer wieder die alten Puppen ohne Köpfe« (H 144). Kafkas Vermengung des Profanen mit dem Sakralen läßt erkennen, wie tief verunsichert dieser sensible Junge im Hinblick auf seine Herkunft, Eigenart und Stellung in einer von Nichtjuden dominierten Welt war. Es ist aus dieser Art von jüdischem Selbstzweifel heraus nicht verwunderlich, daß Kafka seine Vorstellungen von nationaljüdischer Besonderheit gerade an dem die ghettoartige Dorfgemeinschaft betonenden Selbstverständnis der Ostjuden ausrichtete. Der vom Vater heftig attackierte und schmählich als »Ungeziefer« verunglimpfte ostjüdische Schauspieler Jizchak Löwy repräsentierte für Kafka den weitaus überlegenen Zugang zum echten Judentum.

Kafka hat den ›Brief‹ mit seiner Thematisierung des Mißverhältnisses zwischen Vater und Sohn ursprünglich dem Adressaten übergeben wollen, konnte sich aber nicht dazu überwinden. Angeblich hat er dieses in der Handschrift über 110 Seiten umfassende Schriftstück der Mutter zur Weitergabe überlassen, aber von ihr zurückerhalten, ohne daß dem Vater der auf Klärung der Mißstimmungen angelegte Brief je in die Hände gelangt wäre. Mit Julie Wohryzek, die an dieser einsichtsvollen Selbstanalyse und der Kritik herrschender sozialer Verhaltensweisen als auslösende Figur mitbeteiligt war, blieb Kafka weiterhin in Verbindung, obwohl eine neue Begegnung in seinem krankheitserschütterten Leben Epoche machen und sein seelisches Gleichgewicht zutiefst verunsichern sollte.

7. Grenzland zwischen Einsamkeit und Gemeinschaft (1920–1924)

Milena Jesenská (1920)

Die im ›Brief an den Vater‹ aktivierte Energie der Selbstuntersuchung übertrug Kafka Anfang des Jahres 1920 auf zahlreiche Tagebuchaufzeichnungen. Sie stellen in der

Aphorismen-Reihe ›ER‹ eine Verallgemeinerung seiner Bewältigungsversuche der anstehenden Lebensprobleme dar. Wegen seiner sich verschlechternden Gesundheit begibt sich der Dichter nach seiner Beförderung zum Anstaltssekretär im März des Jahres zur Erholungskur nach Meran. Von dort führt er einen regen Briefwechsel mit Milena Jesenská. Sie hatte mit der Übersetzung einiger publizierter Stücke begonnen und bat um weitere Veröffentlichungen. Als Tochter eines bekannten Prager Mediziners, der den unsteten Lebenswandel seiner sehr selbständigen und hochintelligenten, auf Emanzipation drängenden Tochter durch autoritäre Maßnahmen zu regeln suchte, hatte sich Milena mit ihrem Vater entzweit. Gegen seinen Willen heiratete sie den jüdischen Bankangestellten Ernst Polak, einen philosophisch interessierten, aber lieblosen Mann, der seine als Journalistin für die Prager Zeitung ›Tribuna‹ und auch als Übersetzerin ins Tschechische tätige Frau bedenkenlos hinterging. Milena wird Kafkas erste Übersetzerin, und bis zum Tod des Dichters erscheinen in tschechischen Zeitschriften Übersetzungen von ›Der Heizer‹, ›Bericht für eine Akademie‹, ›Das Urteil‹ und kleinere Stücke aus ›Betrachtung‹.

Milena eröffnet sich früh in ihren Briefen und gibt über

Milena Jesenská (Wa 203).

ihre widrigen Lebensumstände Auskunft. Sie lebt in großer Armut in Wien, muß oft hungern und sogar als Kofferträgerin auf dem Bahnhof sich verdingen, um zu etwas Geld zu kommen. Als sie ihre zerrüttete Ehe beschreibt, wird Kafka in ihr Leben hineingezogen, und er bietet auch gleich seine finanzielle Unterstützung und seinen Beistand an. Unausweichlich findet Kafka in der einfühlsamen, literarisch bewanderten und ihm intellektuell gleichwertigen Briefeschreiberin eine Vertraute, der er wie niemandem sonst sich öffnet. Er gibt ihr später auch seine privatesten Zeugnisse zu lesen, außer den Romanfragmenten vor allem die Tagebücher und auch den ›Brief an den Vater‹.

Diese Offenheit der Mitteilung führt alsbald zu einer stürmischen, auf Kafkas Seite auch angstvermischten Briefliebe. Über geldliche Zuwendungen hinaus bietet sich Kafka als möglicher Partner an. Aber Milena will sich nicht von ihrem untreuen Mann trennen; sie lehnt auch eine engere Bindung an Kafka ab, weil sie die tiefe Wesensverschiedenheit zu ihm erkennt.

Ein viertägiger Aufenthalt bei Milena in Wien im Juli 1920 beschert Kafka ein für ihn seltenes, unverhofftes Liebesglück. Seine Sehnsucht nach menschlicher Nähe, nach Gleichklang mit der Geliebten ohne die »Männer-Sache«, jene »halbe Stunde im Bett« (M 114), wird gestillt an der »fast entblößten Brust« Milenas. Mit ihr erlebt er, im Wienerwald liegend, auch etwas vom körperlichen Zauber der Liebe. Was er euphorisch ihre »Vereinigung« nennt, führt allerdings nicht zu einer dauerhaften Beziehung. Milena ist nicht willens und auch unfähig, ihre Ehe aufzugeben. Kafka, dessen Liebeskraft immer wieder den Selbstzweifeln und Ängsten erliegt, fühlt sich so zum Zerreißen angespannt, daß er Milena bittet, um nicht immer wieder »bis an den Irrsinn heran« sich quälen zu müssen, ihm nicht mehr zu schreiben. Ein großer Liebesversuch ist gescheitert.

Resümierend charakterisiert Kafka seine Schwächen in der Beziehung zu Milena: »sobald [...] irgendeine Kleinigkeit geschah, brach alles zusammen. Ich kann offenbar, meiner Würde wegen, meines Hochmuts wegen (auch wenn er

*Franz Kafka, 38 Jahre alt
(1921) (Wa 219).*

noch so demütig aussieht, der krumme Westjude!) nur das
lieben, was ich so hoch über mich stellen kann, daß es mir
unerreichbar wird« (Br 317). Er entschuldigt seine Liebesunfähigkeit mit dem, was ihn in der Beziehung zu Felice so
besessen gemacht hatte: seine selbsterniedrigende Lust an
der Anbetung der Geliebten, die durch Idolisierung in eine
unwirkliche, vom inneren Besitztrieb beherrschte Schat-
tenfigur verwandelt wird. So läßt Kafka zu Ende des Brief-
wechsels seinen selbstzerstörerischen Neigungen freien
Lauf und setzt sich in den Augen Milenas herab durch sein
Wühlen im eigenen Schmutz, als den er seine Existenz im
Westjudentum begreift. Milena, die ihm nach dem Tod
einen trauernden Nachruf widmet, ist 1944 als tschechische
Sozialistin im Konzentrationslager Ravensbrück an den
Folgen einer Nierenerkrankung gestorben.

Späte Erzählungen und ›Das Schloß‹ (1922)

Die Begegnung mit Milena, hauptsächlich eine zwischen
Meran und Wien oder Prag und Wien stattfindende Briefliebe – »Geschriebene Küsse kommen nicht an ihren Ort,
sondern werden von den Gespenstern auf dem Wege aus-
getrunken« (M 199) –, hatte Kafkas innere Konfliktmasse
in Bewegung gebracht. Er bleibt mit dem »Traum-Schrek-

ken« (M 171) zurück. Aber sein Schreiben kommt wieder
in Bewegung. In der Kurzprosa vom Herbst 1920 ist diese
aufwühlende Beziehung noch nicht in das Stadium des
Bewältigungsversuches getreten. Kafkas Lungenleiden
macht inzwischen wiederholte Land- und Sanatoriumsaufenthalte notwendig. In der ländlichen Abgeschiedenheit
versucht der Dichter, seinem Körperverfall entgegenzuwirken, obwohl er von sich schon »wie über einen Toten«
(Br 322) spricht. Engagiert verfolgt er in dieser Zeit die
erzieherischen Überlegungen seiner jüngeren Schwester
Elli hinsichtlich ihres Sohnes Felix.
In Anlehnung an die Erziehungsutopie in Jonathan Swifts
satirischem und sozialkritischem Roman ›Gullivers Reisen‹
(1726) versucht Kafka Elli zu bewegen, ihren Sohn in ein
Internat zu schicken. Als Grund führt Kafka aus seiner
eigenen unglücklich verlebten Kindheit und aus den in der
Familie zugefügten Erziehungsschäden an, daß Eltern wegen ihrer ungeheuerlichen Übermacht über das Kind nur
eine zertrümmernde, keine uneigennützige, liebende und
fördernde erzieherische Wirkung haben könnten (Br
342 ff.). »Tyrannei und Sklaverei in allen Abstufungen«
hält er ihr als abschreckende Tatsachen vor Augen, ohne
mit seinen eindringlich vorgebrachten Warnungen den gewünschten Erfolg zu haben.
Im Januar 1922 beginnt Kafka nach Überwindung seiner
schriftstellerischen Selbstverleugnung wieder mit dem
Schreiben. Erzählungen wie ›Erstes Leid‹ und ›Ein Hungerkünstler‹ entstehen. Zusammen mit der letzten Erzählung Kafkas, ›Josefine, die Sängerin oder Das Volk der
Mäuse‹ (März 1924), sind das Geschichten von der prekären Existenz des Künstlers in der Gemeinschaft. Wie schon
beim Affen Rotpeter in dem ›Bericht für eine Akademie‹
verfolgt Kafka ein seit der Romantik das Selbstverständnis
der Dichter zentral beschäftigendes Thema: die Frage nach
dem eigenen Wesen und Standort des Künstlers im Gesellschaftsganzen, und zwar nicht aus der idealistischen Perspektive des individuellen Genies gesehen. Kafkas Künstlerfiguren, ob ein in die Höhe entschwebter Trapezkünstler
oder ein sich im Hungern zwangsweise aus dem Leben

befördernder Asket oder gar eine mit bloßem Anspruch
die Gewöhnlichkeit ihres Singens (Pfeifens) überdeckende
Künstlermaus wie Josefine, alle diese Figuren sind Randfiguren, Schausteller, Artisten eines zirkushaften Amüsier-
betriebs, der nicht der hohen Wertewelt entspricht, wie sie
die bürgerliche Kunstanschauung verehrt und verklärt.
Kafka enthüllt Kunst als Produktion in einem Zeitalter, in
dem diese vereinsamten Artisten dem Publikum seine
Schaulust, seine Aufnahmebereitschaft und Unterhaltungs-
begierde durch Attraktionen zerstreuen und teilweise auch
befriedigen. Für die Künstler sind es jedoch innere Notwendigkeiten von einem die eigene Existenz auslöschenden
Ausmaß. Finden beim Trapezkünstler im ›Ersten Leid‹
diese »existenzbedrohenden« Zwänge ihren Ausdruck im
Weinen und in der Faltenzeichnung auf der glatten Kinderstirn, so hat beim Hungerkünstler der Trieb zur Nahrungsverweigerung tödliche Folgen. Sein Hungernmüssen, diese
Kasteiung des Körpers durch eine zwanghafte, seinem Innern entstammende Askese, ist zugleich begleitet von einem Verlangen nach Anerkennung durch die Gemeinschaft. Es ist die Kafkas ganzes Werk durchziehende Sehnsucht, für das akzeptiert zu werden, was man ist und als was
man sich darstellt. Beim Hungerkünstler folgt der Zeit
einer relativen Anteilnahme in der Zuschauerschaft ein
öffentliches Desinteresse. Das Unverständnis, über das sich
der Hungerkünstler beklagt, zeigt eine unversöhnlich bestehende Gegensätzlichkeit an. Der Hungerkünstler, befangen
in seinem Subjektsein, ist nicht in der Lage, seine Kunst
über die existentielle Notwendigkeit hinaus in eine Mitteilung an die Menge, in eine Form begreifbarer Kommunikation zu fassen. Sein Schicksal ist dann das des Unverstandenen, der, verbittert über die Interesselosigkeit der
Zuschauer, in der Position des Außenseiters stirbt. In seinen Käfig kommt ein junger Panther, Bild des wilden Lebens, der ungezähmten Stärke und natürlichen Freiheit.
Objektivierender als seine früheren, autobiographisch verankerten Geschichten, sind diese späten Erzählungen meisterhafte Schilderungen unlösbarer Widersprüche, deren
unerbittliche Unversöhnbarkeit Kafka, durch die Mittel

ironischer Brechung gemildert, zur Darstellung bringt. Es sind Darstellungen verzweifelter Versuche, in der künstlerischen Selbstverwirklichung, der keine gemeinschaftstiftende Verbindlichkeit mehr innewohnt, sich gegen eine Gesellschaft zu behaupten, für die das Selbst als die Entfaltung der Subjektivität eine Unmöglichkeit geworden zu sein scheint.

Daß der einzelne mit seinem Selbstverwirklichungsanspruch ein Verrannter ist, drängt sich nicht nur beim ›Hungerkünstler‹ auf, sondern auch bei der gewöhnliches Pfeifen für Singen ausgebenden Josefine, deren wie Scharlatanerie anmutende, todernst betriebene Sängerinnenkarriere zur Rettung ihres darbenden Volkes in ihrer Selbstaufhebung endet. Sie wird »in gesteigerter Erlösung vergessen« von einem Volk, das unbeirrt seinen Weg geht.

In den ›Forschungen eines Hundes‹ wird die grundlegende Gegensätzlichkeit der Welt als einer Welt der Lüge und einer Welt der Wahrheit vom Forscherhund zum Gegenstand seiner Untersuchungen gemacht. Die Gegensätzlichkeit zeigt sich auch in der Unterscheidung zwischen der allgemeinen Hundeschaft und den »Lufthunden«, deren schwebende Lebensweise eine bisher unbekannte Selbstherrlichkeit entfaltet. Mit Hilfe der fabelhaften Hundemetapher geht Kafka der zentralen Frage nach dem fehlgelaufenen Leben nach.

Das Leben als Fehlleistung ist auch Thema von ›Der Bau‹ (1923), einer Art Existenzbeichte eines Waldtiers, das alle Anstrengungen seines Lebens darauf verwandt hat, sich in einem unterirdischen Sicherheitslabyrinth einzugraben, um den Gefahren der Außenwelt zu entgehen. Dennoch wird das Tier bedroht von einem immer präsenten Gegner, dem »Zischer«, der in dem mündlich überlieferten Ende den Untergang des Tieres herbeiführt.

Gegenüber diesen Verschiebungen des Erzählens in labyrinthische Abstraktionen hinein bietet Kafkas letzter Romanversuch, ›Das Schloß‹, eine konkrete Fiktion, die dennoch eine rätselhaft unwirkliche Dimension enthält.

Mit dem Eingangsabschnitt beginnt der Eintritt in eine abgeschiedene, in Raum und Zeit schwebende Welt, die zurückreicht in geschichtlich ferne Epochen feudaler Herrschaft, obwohl die Schloßwelt wie eine Insel isoliert erscheint:

»Es war spätabends, als K. ankam. Das Dorf lag in tiefem Schnee. Vom Schloßberg war nichts zu sehen, Nebel und Finsternis umgaben ihn, auch nicht der schwächste Lichtschein deutete das große Schloß an. Lange stand K. auf der Holzbrücke, die von der Landstraße zum Dorf führte, und blickte in die scheinbare Leere empor« (S 7).

Diese scheinbare Leere ist angefüllt von einer Wirklichkeit, wo eine ungreifbare Obrigkeit auf der kleinen, abgehärmten Dorfwelt lastet. Was lastet, ist die Herrschaft, und entsprechend verunstaltet durch diese unentrinnbare Macht sind die Dorfbewohner, etwa »diese gebückte, gewissermaßen mißhandelte Gestalt« Gerstäckers (S 20). Die Bauern werden allgemein »mit ihren förmlich gequälten Gesichtern – der Schädel sah aus, als sei er oben platt geschlagen worden, und die Gesichtszüge hatten sich im Schmerz des Geschlagenwerdens gebildet« (S 26) – als Opfer der Gewalt geschildert.

In diese Schneewelt geschichtlicher Unmenschlichkeit mit ihren aus der Vormoderne stammenden Ausbeutungsverhältnissen kommt als Hauptgestalt K., der gegen die anfängliche, gegenteilige Auskunft der Schloßbehörden behauptet, als Landvermesser herbestellt zu sein. Durch diese Konstellation von Anspruch und Negativbescheid entwickelt sich ein Kampf um Anerkennung, der K. von Anfang an in die Position dessen drängt, der sich legitimieren und behaupten muß. Aus seinen berechnenden Verhaltensweisen, seinen Überrumpelungsversuchen und aus den widersprüchlichen Reaktionen der Ämter und behördlichen Stellen ergibt sich ein undurchsichtiges Verwirrspiel, bei dem K. als ein hochstaplerischer Eindringling erscheint, der kaum Berechtigtes vorzubringen hat.

Der Roman, ursprünglich in der Ichform geschrieben, aber dann geändert, um den Helden mit seinem aktenmäßig abgekürzten Buchstabennamen undurchdringlicher erscheinen zu lassen in seinen Motiven, ist in 20 Kapiteln auf sieben Tage hin angelegt. Der erste Winterabend erbringt mit der Ankunft des Außenseiters K. und seiner Behauptung im Dorfgasthof, vom Grafen Westwest berufen zu sein, die Ausgangsposition des sich entspinnenden Kampfes, denn von den Schloßbehörden kommt sowohl eine Verneinung als auch Bestätigung dieses Anspruchs. Am Folgetag mißlingt K. das Eindringen ins Schloß, er verfehlt den Weg. Durch den Boten Barnabas erhält er den ersten Brief vom Schloß. Es gelingt ihm, das Schankmädchen Frieda für sich zu gewinnen. Mit dieser ehemaligen Geliebten des Beamten Klamm begründet K., dem der Gemeindevorsteher zwar nicht den Posten eines Landvermessers, wohl aber die Stelle eines Schuldieners anbieten konnte, einen Hausstand in der Schule, vernachlässigt aber seine Gefährtin und die Gehilfen, weil er sich von den Kontakten zur Familie des Barnabas mehr im Hinblick auf die Beziehung zum Schloß verspricht. Diese Familie mit den beiden Schwestern des Boten, Olga und Amalia, ist im Dorf geächtet, weil Amalia es gewagt hat, das unzweideutige Begehren eines Schloßbeamten auszuschlagen. Als daraufhin die Familie die Randexistenz von Ausgestoßenen führt, ist Olga, in der Hoffnung, die Dorfbewohner zu versöhnen, zu niedrigsten Diensten, auch zur Willfährigkeit gegenüber dem Knechtsvolk bereit.

K.s Versuche, bis zu Klamm vorzudringen, bleiben erfolglos. Ebenso verfehlt er, bei dem Sekretär Erlanger zum Nachtverhör vorgeladen, diesen Termin. Er gerät statt dessen an den Sekretär Bürgel, der ihm auf umständliche, fast geschwätzige Weise das Wirken der Schloßorganisation erklärt und ihm die Erfüllung seines Anstellungswunsches in Aussicht stellt. Der vor Müdigkeit in Schlaf versunkene K. verwandelt diesen gebetsmühlenhaft schnarrenden Auskunftserteiler in eine groteske Traumfigur. Seinen eigenen Einblick in das Arbeiten der Schloßbürokratie gewinnt K. am darauffolgenden Morgen bei der Beobachtung der Aktenverteilung in den Gängen, ein absurdes Theater sondergleichen, dem äußeren Anschein nach. Der Gehilfen ledig und von Frieda verlassen, die er in seinem Machtkampf mit den Hierarchien allein gelassen hat, landet K. bei den Zimmermädchen, von denen die großsprecherische Pepi

Korridor in Kafkas Amt, der ›Arbeiter-Unfall-Versicherungs-Anstalt‹ (Wa 118).

ihn zum Bleiben auf dieser untersten Stufe der sozialen Rangleiter bewegt. Der Roman sollte nach Kafkas Aussagen (mündlich gegenüber Max Brod) damit enden, daß K., entkräftet auf dem Sterbebett, vor seinem Ableben noch
5 erfährt, daß man ihn zum Leben und Arbeiten im Dorf dulden wird. Aber die gewünschte Anstellung als Landvermesser wird von der Schloßverwaltung nicht bewilligt.
So nachvollziehbar das Erzählgeschehen und so greifbar die dargestellte Welt im ›Schloß‹ zunächst erscheint, die
10 Undurchsichtigkeit der Hauptgestalt K. und die Unfaßbarkeit der obersten Schloßbehörden deuten schon an, daß dieses Werk sich wie die anderen Romane durch eine komplexe Bedeutungsvielfalt und einen rätselhaften Sinn auszeichnet. Durch das Verfahren der Verschiebung und Ent-
15 stellung macht Kafka die herkömmliche Sinnaufschließung fragwürdig. Zwei Beispiele sind hier von strukturerhellender Bedeutung. Als K. bei seiner vergeblichen Annäherung das Schloß zum erstenmal erblickt, erscheint es zunächst wie etwas Vertrautes, Vorgewußtes:

20 »Im ganzen entsprach das Schloß, wie es sich hier von der Ferne zeigte, K.s Erwartungen. Es war weder eine alte Ritterburg noch ein neuer Prunkbau, sondern eine ausgedehnte Anlage, die aus wenigen zweistöckigen, aber aus

vielen eng aneinander stehenden niedrigen Bauten bestand; hätte man nicht gewußt, daß es ein Schloß sei, hätte man es für ein Städtchen halten können. Nur einen Turm sah K., ob er zu einem Wohngebäude oder einer Kirche gehörte, war nicht zu erkennen. Schwärme von Krähen umkreisten ihn« (S 13).

Beim Näherkommen enttäuscht dieses eigentümliche Ensemble von Gebäuden K. Der ursprüngliche Eindruck verschiebt sich:

»[...] es war doch nur ein recht elendes Städtchen, aus Dorfhäusern zusammengetragen, ausgezeichnet nur dadurch, daß vielleicht alles aus Stein gebaut war [...]. Flüchtig erinnerte sich K. an sein Heimatstädtchen; es stand diesem angeblichen Schlosse kaum nach« (S 13).

Aber im Blick des Betrachters verwandelt sich dieser Eindruck des Schloßunähnlichen in eine andere, aufdringliche Bildlichkeit:

»Der Turm hier oben – es war der einzig sichtbare –, der Turm eines Wohnhauses, wie es sich jetzt zeigte, vielleicht des Hauptschlosses, war ein einförmiger Rundbau, zum Teil gnädig von Efeu verdeckt, mit kleinen Fenstern, die jetzt in der Sonne aufstrahlten – etwas Irrsinniges hatte das –, und einem söllerartigen Abschluß, dessen Mauerzinnen unsicher, unregelmäßig brüchig, wie von ängstlicher oder nachlässiger Kinderhand gezeichnet, sich in den blauen Himmel zackten. Es war, wie wenn ein trübseliger Hausbewohner, der gerechterweise im entlegensten Zimmer des Hauses sich hätte eingesperrt halten sollen, das Dach durchbrochen und sich erhoben hätte, um sich der Welt zu zeigen« (S 13).

Kafkas Verfahren läßt erkennen, daß es ein eindeutiges Bild der Wirklichkeit nicht gibt. Die subjektive Sehweise des Betrachters spielt eine wichtige Rolle bei dieser Verformung der sichtbaren Welt.

Für diesen Zusammenhang aufschlußreich ist die Episode, in der sich K. von Barnabas ins Schloß geführt wähnt, während er in Wirklichkeit zu dessen Eltern gebracht wird. Bei diesem Gang durch die Finsternis drängt sich K. am Arm des fast himmlisch erscheinenden Boten eine Erinnerung an seine Heimatstadt auf, nämlich das innere Wiedererleben jenes kindlichen Wagnisses, in einer Art Mutprobe die Friedhofsmauer zu erklettern. Die gelungene Tat erscheint so in seinem Gedächtnis:

»[...] niemand war jetzt und hier größer als er. Zufällig kam dann der Lehrer vorüber, trieb K. mit einem ärgerlichen Blick hinab. Beim Absprung verletzte sich K. am Knie, nur mit Mühe kam er nach Hause, aber auf der Mauer war er doch gewesen. Das Gefühl dieses Sieges schien ihm damals für ein langes Leben einen Halt zu geben, was nicht ganz töricht gewesen war, denn jetzt, nach vielen Jahren in der Schneenacht am Arm des Barnabas, kam es ihm zu Hilfe« (S 32).

Das Hochgefühl kindlicher Selbstbestätigung, herbeigeführt durch körperliche Anstrengung und Geschicklichkeit, wird durch die strafende Autoritätsfigur des Lehrers zu einem traumatischen Erlebnis. Die Verletzung am Knie ist das äußere Zeichen der seelischen Verwundung, die davon zurückbleibt. Gezeichnet ist hier einer, der wie Kafka selber zu Schaden gekommen ist in früher Kindheit; gezeichnet für ein ganzes Leben, das nicht erwartete Bestätigung, Anerkennung, Liebe und Erfolg bringt. Kafkas Werk ›Das Schloß‹ ist der große epische Versuch, dieses Recht auf Anerkanntwerden als Grundrecht zu verdeutlichen. Aber wie alle Hauptgestalten Kafkas: Der Geschädigte, der Gezeichnete erscheint nicht als reiner, lauterer Mensch, sondern als ein mit Schwächen, Fehlern, Besessenheiten Geschlagener, der selbst bei einer gerechten Sache im Unrecht zu sein scheint. Und die Macht, gegen die er sich zu behaupten sucht, ist immer zugleich auch die, die sich über das Recht stellt.

So endet Kafkas Hauptwerk in der Spätphase mit dem großen Thema des Kampfes, der Beschreibung eines Kampfes um das Naturrecht menschlicher Existenz, als Selbst anerkannt und Teil der Gemeinschaft zu werden.

Das Ende (1924)

Im Januar 1921 schrieb Kafka an Max Brod aus der Kur in Matliary, »daß es das Leben ist, das mich stört« (Br 293).

Im Tagebuch vermerkt er: »Die systematische Zerstörung meiner selbst im Laufe der Jahre ist erstaunlich« (T 398). Kafka wird seiner entscheidenden Fehler inne. Er findet sich damit ab, daß alles vertan ist: »Dieses Grenzland zwischen Einsamkeit und Gemeinschaft« (T 401). Kafka sieht sich darin als Dauerbewohner. Aber die Einsamkeit empfindet er auch als »aufgezwungen«, und die Literatur, sein Schreiben bestimmt er als »Ansturm gegen die Grenze« (T 405). Das sind heroische Vokabeln. Noch in seiner letzten Tagebucheintragung vom Juni 1923, als er notiert: »Immer ängstlicher im Niederschreiben. Es ist begreiflich. Jedes Wort, gewendet in der Hand der Geister [...], wird zum Spieß, gekehrt gegen den Sprecher«, redet sich Kafka Trost zu: »Auch du hast Waffen« (T 429). Aber schon längst hat er das Schreiben als »Lohn für Teufelsdienst« und den Schriftsteller als »Sündenbock der Menschheit« (Br 386) bestimmt. Eine Negativcharakteristik, die erkennen läßt, wie zwiespältig und voller Selbstzweifel Kafka bis an sein Lebensende in seiner Existenz als Schriftsteller war. Nachdem die Begegnung mit Milena eine erneute Schreibphase ausgelöst hatte und vor allem im Schloßroman in dem Dreieck K., Frieda und Klamm ›verarbeitet‹ worden war, muß Kafka im Herbst 1922 melden: »ich habe die Schloßgeschichte offenbar für immer liegen lassen müssen« (Br 413). Während sein Kräfteverfall sich rapide steigerte, trat dennoch im letzten Lebensjahr eine überraschende Wende ein, die das Verhaftetsein in der Familie und in der verhaßten Heimatstadt doch noch überwinden half. Im Sommer 1923 begegnet er im Ostseebad Müritz einer aus Polen stammenden jungen Ostjüdin, Dora Diamant. Es kommt zu einer ungewöhnlich schnellen und beide Partner beglückenden Verständigung, so daß man auf Anhieb sich darauf einigt, gemeinsam in Berlin zu leben. Für Kafka erfüllt sich ein jahrzehntelang gehegter Wunschtraum, der im entbehrungsreichen Inflationswinter 1923/24 zu einer harten Probe wird. Wegen des Geldverfalls in beträchtlicher Armut hausend und körperlich schon so geschwächt, daß Gänge in die Stadt, etwa zum Besuch der Hochschule für die Wissenschaft des Judentums, riskant werden, ver-

Dora Diamant (Wa 212).

lebt Kafka mit Dora trotz der erschwerten Lebensbedingungen eine Zeit an der »Schwelle des Glücks« (Br 436), wie er schon in Müritz empfand. Kafkas Geldmangel wird so akut, daß er seine Erzählung ›Josefine‹ nicht zuletzt aus
5 diesen Geldnöten heraus schreibt und in der Oster-Beilage der Prager Presse erscheinen läßt. Fiebrig, abgemagert, ständig hustend und von mehrmaligen Umzügen in Berlin mitgenommen, ist Kafka schließlich im Frühjahr 1924 gezwungen, sich in ein Sanatorium in der Nähe von Wien zu
10 begeben.
Unheilbar krank, von der Kehlkopftuberkulose der Stimme beraubt und durch die Schluckbeschwerden immer mehr in einen Hungerzustand versetzt, liest Kafka auf dem Totenbett noch die Fahnenabzüge seines Erzählbandes
15 ›Ein Hungerkünstler‹, sich mit Dora, Freunden und Besuchern nur noch durch Gesprächsblätter verständigend. Am 3. Juni, nach langem Leiden, verlangt er von dem mit ihm befreundeten Arzt Robert Klopstock eine Morphiumspritze mit den Worten: »Töten Sie mich, sonst sind Sie ein
20 Mörder« (FK 185). Die Kraft, die er nicht zum Leben hatte, bewies Kafka im Tod.
Kafkas Tod war für die Zeitgenossen, anders als für die Familie und den Prager Freundeskreis, noch kein unersetz-

Franz Kafka, 40 Jahre alt (1923/24) (Wa 219).

licher Verlust, allenfalls eine Zeitungsmeldung von wenigen Zeilen über einen weitgehend unbekannten Dichter. Die Nachrufe, zumeist von Kafka nahestehenden Kollegen, sind nicht zahlreich; der von Milena, seiner zeitweiligen Geliebten, rühmte schlichtweg: »Er schrieb die bedeutendsten Bücher der jungen deutschen Literatur.« Ein Urteil, das auch Max Brods Zustimmung in seiner Würdigung des Werkes seines Freundes fand. Schon im Januar 1922 hatte sich Rainer Maria Rilke gegenüber Kafkas Verleger Kurt Wolff brieflich zu den Arbeiten seines Prager Landsmannes geäußert: »Ich habe nie eine Zeile von diesem Autor gelesen, die mir nicht auf das Eigentümlichste mich angehend oder erstaunend gewesen wäre.« Aber erst mit der Herausgabe der drei fragmentarischen Romane, ›Der Prozeß‹ (1925), ›Das Schloß‹ (1926) und ›Amerika‹ (1927), begann eine breitere literarische Öffentlichkeit von Kafka ernsthafter Notiz zu nehmen. Für Hermann Hesse, der Kafka seit 1917 gelesen hatte, stand es 1925 eindeutig fest, daß der Frühverstorbene »ein heimlicher Meister und König der deutschen Sprache gewesen ist«. Freilich wurde im Dritten Reich Kafkas Werk verfemt. Es kam dann zu einer erstaunlichen Rezeption vor allem in den USA und zur Rückführung dieses Klassikers der modernen Weltliteratur in den deutschen Sprachraum nach dem Zweiten Weltkrieg. Für sein Nachleben als einzigartiger Künstler gilt, was Klaus Mann 1937 in der Zeit der deutschen Finsternis von Kafka sagte: »Sein Wort soll gelesen werden, solange noch gedacht, gesprochen und gelesen wird in unserer Sprache.«

So ist das Vermächtnis von Kafkas Dichtung, daß sie unvergeßlich ist.

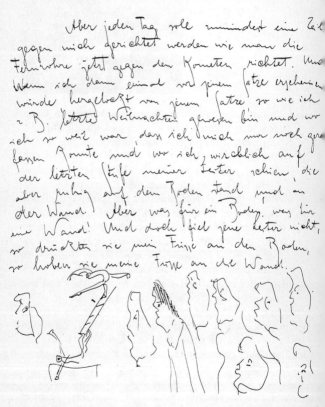

Eine der ersten Seiten des Tagebuchs, das Kafka seit 1910 führte (Wa 139).

Zeittafel zu Leben und Werk

1883	3. Juli: Franz Kafka als Sohn des jüdischen Kaufmanns Hermann Kafka und seiner Frau Julie, geb. Löwy, in Prag geboren. Zwei früh verstorbene Brüder, Georg und Heinrich; drei Schwestern, Elli (1889), Valli (1890) und Ottla (1892).
1889–1893	Volksschule am Fleischmarkt.
1893–1901	Besuch des Altstädter Deutschen Gymnasiums im Kinsky-Palais am Altstädter Ring, wo sich auch das Geschäft des Vaters befand. Häufiger Wohnungswechsel der Familie.
1901–1906	Jura-Studium an der Deutschen Universität in Prag; Promotion zum Dr. jur. Beginn der Freundschaft mit Max Brod.
1904–1905	Entstehung der Novelle ›Beschreibung eines Kampfes‹.
1907	Entstehung des Romanfragments ›Hochzeitsvorbereitungen auf dem Lande‹.
1907–1908	Nach der Rechtspraxis Eintritt in die Versicherungsgesellschaft ›Assicurazioni Generali‹.
1908	Wechsel zur ›Arbeiter-Unfall-Versicherungs-Anstalt für das Königreich Böhmen in Prag‹, Beamter dort bis 1922.
1909	Erste Veröffentlichung kleiner Prosa; Tagebuchschreiben.
1909–1914	Verschiedene Reisen nach Italien, Frankreich, Deutschland und der Schweiz.
1910–1911	Jiddische Schauspieltruppen in Prag; Jizchak Löwy.
1912	Entstehung des Romans ›Der Verschollene‹ (›Amerika‹) (bis 1914). Kennenlernen der Berlinerin Felice Bauer. ›Das Urteil‹ und ›Die Verwandlung‹ entstehen.
1913	Buchausgabe ›Betrachtung‹, ›Der Heizer‹; Veröffentlichung ›Das Urteil‹; intensiver Briefwechsel mit Felice.
1914	Im Mai Verlobung mit Felice, Entlobung im Juli. Beginn des Romans ›Der Prozeß‹ und der Erzählung ›In der Strafkolonie‹.
1915	Fontane-Preis; Buchausgaben ›Die Verwandlung‹ und ›Das Urteil‹ (1916); Wiederauflagen ›Betrach-

	tung‹ und ›Der Heizer‹. Im Winter 1916: parabolische Prosa im Alchimistengäßchen.
1917	Im Juli zweite Verlobung mit Felice, endgültige Entlobung im Dezember; 4. September: Lungentuberkulose diagnostiziert.
1917–1918	Zur Erholung bei Ottla in Zürau; die Aphorismen entstehen.
1919	Vorübergehende Verlobung mit Julie Wohryzek. ›Brief an den Vater‹.
1920	Aphorismen-Reihe ›ER‹. Aufenthalt in Meran. Briefwechsel mit Milena Jesenská. Weitere parabolische Prosa (›Poseidon‹ u. a.).
1921	Krankheitsurlaub in Matliary (Hohe Tatra).
1922	›Ein Hungerkünstler‹, ›Forschungen eines Hundes‹; seit Januar: ›Das Schloß‹; Pensionierung.
1923	Beziehung zu Dora Diamant; ab September in Berlin; rapider Kräfteverfall; ›Eine kleine Frau‹; ›Der Bau‹.
1924	März/April von Berlin über Prag in die Nähe Wiens; letzte Erzählung: ›Josefine, die Sängerin‹; Kehlkopftuberkulose; 3. Juni: Tod Kafkas in Kierling bei Klosterneuburg. 11. Juni: Beisetzung auf dem jüdischen Friedhof in Prag-Straschnitz.

Zeichnungen Franz Kafkas (Wa 166).

Literaturhinweise

(Siehe die Angaben auf Seite 2.)

Forschungsbericht

Beicken, Peter: Franz Kafka. Eine kritische Einführung in die Forschung. FAT, 2014. Fischer Athenäum, Frankfurt a. M. 1974.

Zur Biografie; Bildbände, Materialien

Binder, Hartmut / Parik, Jan: Kafka. Ein Leben in Prag. München 1983.
Born, Jürgen (Hrsg.): Franz Kafka und Rezeption zu seinen Lebzeiten 1912–1924. S. Fischer, Frankfurt a. M. 1979.
ders.: Kritik und Rezeption 1924–1938. S. Fischer, Frankfurt a. M. 1983.
Grusa, Jiri: Franz Kafka aus Prag. Frankfurt a. M. 1983.
Franz Kafka über das Schreiben. Hrsg. von Erich Heller und Joachim Beug. Fischerbücherei, 2528. Frankfurt a. M. 1983.
Hackermüller, Rotraut: Kafkas letzte Jahre 1917–1924. P. Kirchheim, München 1990.
Northey, Anthony: Kafkas Mischpoche. Wagenbach, Berlin 1988.
Unseld, Joachim: Franz Kafka. Ein Schriftstellerleben. Die Geschichte seiner Veröffentlichungen. Mit einer Bibliographie sämtlicher Drucke und Ausgaben der Dichtungen Franz Kafkas 1908–1924. München 1982. Auch: Fischer Taschenbuch, 6493.
Wagenbach, Klaus: Franz Kafka. Eine Biographie seiner Jugend. 1883–1912. Berlin 1958.
ders.: Kafka in Selbstzeugnissen und Bildokumenten. rm, 91. Rowolt, Reinbek 1964.

Kommentare, Interpretationen

Beicken, Peter: Franz Kafka: ›Die Verwandlung‹. Erläuterungen und Dokumente. RUB, 8155. Reclam, Stuttgart 1983.
Binder, Hartmut: Kafka-Kommentar zu sämtlichen Erzählungen. München 1975.
ders.: Kafka-Kommentar zu den Romanen, Rezensionen, Aphorismen und zum Brief an den Vater. München 1976, ²1983.
Fingerhut, Karlheinz: Franz Kafka – Klassiker der Moderne. Literarische Texte und historische Materialien. 2 Bände. Stuttgart 1981.
Hiebel, Hans H.: Franz Kafka: ›Ein Landarzt‹. UTB, 1289. München 1984.
Meurer, Reinhard: Franz Kafka. Erzählungen. Interpretationen für Schule und Studium. München 1984.

Müller, Hartmut: Franz Kafka. Leben, Werk, Wirkung. Econ Taschenbuchverlag, Düsseldorf 1985.
Nabokov, Vladimir: Franz Kafka: ›Die Verwandlung‹. Mit einem Kommentar von V. N. Fischer Taschenbuch, 5875. Frankfurt a. M. 1986.
Neumann, Gerhard: Franz Kafka: ›Das Urteil‹. Text, Materialien, Kommentar. Literatur-Kommentare, 16. München 1981.
Wagenbach, Klaus: Franz Kafka: ›In der Strafkolonie‹. Eine Geschichte aus dem Jahr 1914. Mit Quellen, Abbildungen, Materialien. WAT, 1. Wagenbach, Berlin 1975.
Weber, Albrecht u. a.: Interpretationen zu Franz Kafka. ›Das Urteil‹, ›Die Verwandlung‹, ›Ein Landarzt‹. Kleine Prosastücke. München 1968.

Gesamtdarstellungen, Aufsätze, Untersuchungen
(beschränkt auf leicht zugängliche Werke)

Anz, Thomas: Franz Kafka. BsR 615. C. H. Beck, München 1989.
Beißner, Friedrich: Der Erzähler Franz Kafka und andere Vorträge, st, 516. Suhrkamp, Frankfurt a. M. 1983.
Benjamin, Walter: Benjamin über Kafka. Texte, Briefzeugnisse, Aufzeichnungen. stw, 341. Suhrkamp, Frankfurt a. M. 1981.
Binder, Hartmut: Kafka in neuer Sicht. Stuttgart 1976.
ders.: Kafka. Der Schaffensprozeß. st, Materialien, 2026. Suhrkamp, Frankfurt a. M. 1983.
Heller, Erich: Franz Kafka. dtv, 1185. München 1976.
Der junge Kafka. Hrsg. von Gerhard Kurz. st, Materialien, 2035. Suhrkamp, Frankfurt a. M. 1984.
Müller-Seidel, Walter: Die Deportation des Menschen. Kafkas Erzählung ›In der Strafkolonie‹ im europäischen Kontext. Fischer Taschenbuch 6885. Frankfurt a. M. 1989.
Pawel, Ernst: Das Leben Franz Kafkas. Eine Biographie. Hanser, München 1986.
Politzer, Heinz: Franz Kafka, der Künstler. st, 433. Suhrkamp, Frankfurt a. M. 1978.
ders. (Hrsg.): Franz Kafka. Wege der Forschung, 322. Darmstadt 1973.
Ries, Wiebrecht: Franz Kafka. Artemis Einführungen 33. München 1987.
Robertson, Ritchie: Kafka. Judentum, Gesellschaft, Literatur. Metzler, Stuttgart 1988.
Sokel, Walter H.: Franz Kafka. Tragik und Ironie. Fischerbücherei, 1970. Frankfurt a. M. 1983.
Urzidil, Johannes: Da geht Kafka. dtv, 390. München 1966.